Die heilende Kraft in uns

C. G. Jung

Die heilende Kraft in uns

Weisheiten und Einsichten

Ausgewählt von Franz Alt

EDITION C. G. JUNG

Bibliografische Information der Deutschen Nationalbibliothek
Die Deutsche Nationalbibliothek verzeichnet diese Publikation in der Deutschen Nationalbibliografie; detaillierte bibliografische Daten sind im Internet über http://dnb.d-nb.de abrufbar.

3. Auflage 2026

Verlagsgruppe Patmos in der Schwabenverlag AG, Senefelderstr. 12, 73760 Ostfildern
produktsicherheit@verlagsgruppe-patmos.de
www.patmos.de
(Vorstehende Angaben sind zugleich Pflichtinformationen nach GPSR)

Neuausgabe des 2002 im Walter Verlag, Düsseldorf und Zürich, erschienenen gleichnamigen Titels.
Die Texte wurden auf die reformierte neue deutsche Rechtschreibung umgestellt.

Umschlaggestaltung: Finken & Bumiller, Stuttgart
Umschlagabbildung: Patientenbild von C.G. Jung, ohne Titel, 1918, Gouache auf Papier, 44 × 30,5 cm, Bildarchiv C.G. Jung-Institut Zürich, Küsnacht, 009 AIAV. © C.G. Jung-Institut Zürich, Küsnacht.
Foto: Ulrich Peters.
Gestaltung, Satz und Repro: Schwabenverlag AG, Ostfildern
Druck: Finidr s.r.o., Český Těšín
Hergestellt in Tschechien
ISBN 978-3-8436-1469-6

EDITION C. G. JUNG im Patmos Verlag

Inhalt

Die heilende Kraft entdecken

Selbstverständlich kann es ohne Leiden kein Glück geben.

C. G. Jung, Briefe I, S. 313

Nur wer in die Grube hineingefallen ist, hat auch die Chance, wieder herauszuklettern, hat C. G. Jung einmal sinngemäß gesagt. Das klingt gut, das ist theoretisch richtig, das entspricht der Logik und unserer eigenen Lebenserfahrung. Nur: In dem Augenblick, in dem wir in der Grube liegen, alles um uns herum dunkel scheint und wir uns eingemauert fühlen, ist diese Erkenntnis oft weit weg – die schöne Theorie hilft dann kaum, und gut gemeinte Ratschläge gehen uns oft eher auf die Nerven! Wir wissen zwar, dass „auf Regen Sonnenschein“ und „auf jeden November wieder ein Mai“ folgt, aber in den Regenzeiten unseres Lebens spüren wir zunächst einmal Traurigkeit und manchmal auch Verzweiflung, weil keine Besserung in Sicht scheint, und in den Herbstzeiten des Lebens sind die Tage oft grau und neblig und schwer erträglich.

Vielleicht aber müsste das gar nicht so sein. Vielleicht wollen wir uns häufig nur bemitleiden oder bemitleiden lassen. Vielleicht besteht sogar das größte Leid in der Art und Weise, wie wir mit dem

Leid umgehen: sentimental statt realistisch, egoistisch statt sozialorientiert, vergangenheitsbesessen statt zukunftsoffen.

Unser Heute wird von Politik und Wirtschaft, von Wissenschaft und den Medien weitgehend auf Optimismus und Fortschrittsgläubigkeit programmiert, auch wenn die Wirklichkeit angesichts der Krisen unserer Zeit häufig eine andere ist. Das Leid des Einzelnen als reale und natürliche Erfahrung wird öffentlich weitgehend tabuisiert und verdrängt – ähnlich wie der Tod. Stattdessen herrschen in vielen Medien beinahe zwanghaft Jugendlichkeit und gute Laune vor.

Demgegenüber wusste der erfahrene Seelenarzt Carl Gustav Jung aus eigener Leiderfahrung und aus der Leiderfahrung seiner vielen tausend Patientinnen und Patienten um die Wirklichkeit des alltäglichen Leids, aber auch um die Produktivität von Lebenskrisen. Jung hat ein Leben lang nach dem Sinn des Leidens geforscht und seinen Mitmenschen den Sinn der Leiderfahrung zu erschließen versucht. Er wusste: Jeder Krankheit liegt eine falsche oder noch nicht richtige Lebenseinstellung zugrunde, und jede Krise enthält den Kern einer Chance. Allerdings ist der Weg aus der Krise bzw. der Umwandlung selbiger in eine Chance harte emotionale Arbeit. Im Rückblick kann eine Krise einem persönlich als Geschenk erscheinen, aber dennoch gilt es, zuvor durch eine schwierige und manchmal auch dunkle Zeit zu gehen, die den Betroffenen viel bis alles abverlangt.

Aus den hier zusammengestellten C.G. Jung-Zitaten wird deutlich: Jeder Gesundungswille aber kommt aus Leidensdruck. Das gilt für persönliche Leiderfahrung ebenso wie für gesellschaftliches, politisches und berufliches Leid. Das meditative Eingehen auf die einzelnen Aussagen Jungs kann heilsam sein. Wir können aus guten wie aus schlechten Erfahrungen lernen. Der große Schweizer Therapeut lehrt, wie wir uns realistisch und lernoffen dem Leiden und der Krankheit stellen können. Jung hilft uns aus der Grube. Er zeigt uns, dass es kein Fehler ist, Fehler zu machen. Dafür sind wir Menschen. Es ist freilich ein großer Fehler, aus Fehlern nichts zu lernen.

„Niemand wird bewusst ohne Leiden", wusste C.G. Jung. Für ihn ist die Stimme des Gewissens immer die Stimme Gottes.

Franz Alt

VOM LEIDEN AN SEELE, KÖRPER UND GEIST

Das Erwachen
psychischen Lebens
ist von Problemen begleitet,
von Leiden.

Traumanalyse, S. 272

Von der Seele

Der Nährboden der Seele ist das natürliche Leben.

GW 8, § 808

Das Psychische ist eine Großmacht, das alle Mächte der Erde um ein Vielfaches übersteigt. GW 17, § 302

Wir dürfen die gegenwärtige Lage mit dem Zustand der Medizin im 16. Jahrhundert vergleichen, wo man anfing, die Anatomie kennenzulernen, von der Physiologie aber noch keine Ahnung hatte. So ist uns auch das geistige Leben der Seele erst in kleinsten Bruchstücken bekannt. GW 8, § 688

Der Mensch hat doch noch fürwahr eine Seele und ist nicht nur politisches Mastvieh. GW 10, § 1022

Man kann schon sagen, dass die Erfahrung der Gnade teuer bezahlt ist. In einem gewöhnlichen Menschenleben sind in der Regel die Gegensätze nicht so weit auseinandergerissen wie bei Ihnen. Leiden und Freuden sind kleiner und darum weniger kontrastierend. Licht und Schatten stehen in komplementärer Beziehung (Laotse!), und so Freude und Leid. Briefe II, S. 508

Die Psyche ist existent, sie ist sogar die Existenz selber. GW 11, § 18

Insofern aber der Mensch auch ein Stück Welt ist, trägt er Welt, d.h. Über- und Unpersönliches in sich. Dazu gehört seine ganze physische sowohl wie psychische Grundlage. GW 16, § 212

In Sachen der Seele haben wir noch längstens nicht ausgelernt, und was uns heute in besonderem Maße nottut, das ist die Befreiung von überholten Gesichtspunkten, welche den Blick fürs Ganze in bedenklicher Weise eingeschränkt haben. GW 10, § 370

Wir sind noch weit davon entfernt, vom vornehmsten Objekt der Wissenschaft, der menschlichen Seele selber, irgendetwas Gründliches zu wissen. Vorderhand haben wir bloß mehr oder weniger plausible Meinungen, die sich noch nirgends decken wollen. GW 16, § 71

Die Psyche kann man ebenso wenig wie die Welt in eine Theorie einfangen. GW 16, § 198

Aber was ist eigentlich die Psyche? Ein materialistisches Vorurteil erklärt sie als ein bloßes Epiphänomen, ein Nebenprodukt organischer Gehirnprozesse. Jede psychische Störung müsse eine organische oder physische Kausalität haben, die lediglich wegen der Unvollkommenheit unserer gegenwärtigen diagnostischen Mittel unnachweisbar sei. Der unleugbare Zusammenhang zwischen Psyche und Gehirn gibt diesem Standpunkt ein gewisses Gewicht, aber nicht dermaßen, um ihn zu einer ausschließlichen Wahrheit zu machen. Wir wissen nicht, ob bei der Neurose eine wirkliche Störung der organischen Gehirnprozesse vorliegt oder nicht, und wenn es sich um Störungen endokriner Natur handelt, ist es unmöglich zu sagen, ob sie nicht viel eher Wirkungen sind als Ursachen.

Auf der anderen Seite ist es unzweifelhaft, dass die Neurosen psychische Ursachen haben. Es ist in der Tat sehr schwierig, sich vorzustellen, dass eine organische Veränderung in einem Augenblick durch eine bloße

Beichte geheilt werden kann. Aber ich habe einen Fall von hysterischem Fieber gesehen mit einer Temperatur von 39 Grad, das in wenigen Minuten durch die Beichte der psychologischen Ursache geheilt war. Und wie sollten wir Fälle von offensichtlichen physischen Erkrankungen erklären, die beeinflusst und sogar geheilt werden durch die bloße Besprechung gewisser schmerzhafter seelischer Konflikte? Ich habe einen Fall von Psoriasis gesehen, die sich praktisch über den ganzen Körper erstreckte, welcher nach wenigen Wochen psychologischer Behandlung zu neun Zehnteln abgeheilt war. GW 11, § 14 f.

In der Neurosenbehandlung stellt sich die Aufgabe, den Einklang zwischen „bewusst" und „unbewusst" wieder annähernd herzustellen. Dies kann bekanntlich auf vielerlei Weise geschehen, angefangen mit „natürlicher Lebensweise", Vernunfteinreden, Willensstärkung bis zur „Analyse des Unbewussten".

GW 8, § 548

Es ist ein fast lächerliches Vorurteil, wenn man annimmt, Existenz könne nur körperlich sein. GW 11, § 16

Seele und Körper sind wohl ein Gegensatzpaar und als solches der Ausdruck eines Wesens, dessen Natur weder aus der stofflichen Erscheinung noch aus der inneren unmittelbaren Wahrnehmung erkennbar ist. Man weiß, dass eine altertümliche Anschauung aus dem Zusammenkommen einer Seele mit einem Körper den Menschen entstehen lässt. Es ist aber wohl richtiger zu sagen, dass ein unerkennbares lebendiges Wesen – über dessen Natur schlechthin nichts auszusagen ist, als dass wir damit undeutlich einen Inbegriff von Leben bezeichnen – äußerlich als stofflicher Körper erscheint, innerlich angeschaut aber als Folge von Bildern der im Körper stattfindenden Lebenstätigkeit. Das eine ist das andere, und der Zweifel befällt uns, ob nicht am Ende diese ganze Trennung von Seele und Körper nichts sei als eine zum Zwecke der Bewusstmachung getroffene Verstandesmaßnahme, eine für die Erkenntnis unerlässliche Unterscheidung eines und desselben Tatbestandes in zwei Ansichten, denen wir unberechtigterweise sogar selbstständige Wesenheit zugedacht haben. GW 8, §619

Das unverkennbare Charakteristikum der Neurosen besteht in der Tatsache, dass sie aus seelischen Ursachen hervorgehen und mit ausschließlich seelischen Mitteln geheilt werden können. Die Abgrenzung und Erforschung dieses Sondergebietes, das sowohl von der psychiatrischen wie von der neurologischen Seite her aufgeschlossen wurde, hat zu einer Entdeckung geführt, die der wissenschaftlichen Medizin äußerst unbequem war, nämlich zur Entdeckung der Seele als eines ätiologischen, krankheitserregenden Faktors. Die Medizin war nämlich im Laufe des 19. Jahrhunderts in Methodik und Theorie zu einer naturwissenschaftlichen Disziplin geworden und huldigte derselben philosophischen Voraussetzung wie diese, nämlich dem Kausalismus und Materialismus. Die Seele als eine geistige Substanz existierte für sie nicht, wie sich auch die experimentelle Psychologie möglichst bestrebte, eine „Psychologie ohne Seele“ zu sein.

Die Erforschung der Psychoneurosen ergab nun als unzweideutiges Resultat, dass der psychische Faktor die Noxe, das heißt die wesentliche Ursache des Krankseins, war, damit also als vollwertiges Glied in die Reihe anderer anerkannter Krankheitsursachen trat, wie der Vererbung, der Konstitution, der bakteriellen Infektion usw. Alle Versuche, die Natur des psychischen Faktors auf andere, körperliche Faktoren zu reduzieren, erwiesen sich als verfehlt. GW 11, § 490 f.

Neurose als Botschaft der Seele

Bei nahezu allen Neurosen ist es sozusagen unumgänglich, die Haltung gegenüber dem Leben von Grund auf zu wandeln. Briefe I, S. 370

Das geistige Leben der Seele [ist uns] erst in kleinsten Bruchstücken bekannt. Wir wissen heute, dass es geistig bedingte Wandlungsprozesse in der Seele gibt [...]. Aber es ist uns noch nicht gelungen, ihre eigentümliche Gesetzmäßigkeit festzustellen. Wir wissen nur, dass ein großer Teil der Neurosen auf einer Störung dieser Prozesse beruht. Es ist der psychologischen Forschung nicht gelungen, das vielfach verschleierte Bild der Seele zu enthüllen, denn es ist unnahbar und dunkel wie alle tiefen Lebensgeheimnisse. GW 8, § 688

Frühere Jahrhunderte, welche der Seele Substanz gaben und alles unbegreifliche Geschehen in der Natur personifizierten, glaubten in der Geisteskrankheit das Werk böser Geister zu sehen, sie hielten den Kranken für einen Besessenen und wandten die dieser Auffassung geziemenden Behandlungsmittel an. Es ist eine nicht unbekannte Tatsache, dass diese mittelalterliche Auffassung auch heute noch gelegentlich geglaubt und geäußert wird. GW 3, § 321

Wir wissen, dass eine Neurose nicht eine typische Ansteckung durch eine spezifische Mikrobe ist, sondern die krankhafte Entwicklung einer Gesamtpersönlichkeit. GW 10, § 1071

Das Hauptinteresse meiner Arbeit liegt nicht in der Behandlung von Neurosen, sondern in der Annäherung an das Numinose. Es ist jedoch so, dass der Zugang zum Numinosen die eigentliche Therapie ist, und insoweit man zu den numinosen Erfahrungen gelangt, wird man vom Fluch der Krankheit erlöst. Die Krankheit selbst nimmt numinosen Charakter an.

Briefe I, S. 465

Durch die Beschäftigung mit den Patienten war mir klargeworden, dass Verfolgungsideen und Halluzinationen einen Sinnkern enthalten. Eine Persönlichkeit steht dahinter, eine Lebensgeschichte, ein Hoffen und ein Wünschen. Es liegt nur an uns, wenn wir den Sinn nicht verstehen. Es wurde mir zum ersten Mal deutlich, dass in der Psychose eine allgemeine Persönlichkeitspsychologie verborgen liegt, dass sich auch hier die alten Menschheitskonflikte wiederfinden. Auch in Patienten, die stumpf und apathisch oder verblödet wirken, geht mehr und Sinnvolleres vor, als es den Anschein hat. Im Grunde genommen entdecken wir im Geisteskranken nichts Neues und Unbekanntes, sondern wir begegnen dem Untergrund unseres eigenen Wesens. Diese Einsicht war für mich damals ein mächtiges Gefühlserlebnis. Erinnerungen, S. 148

Die Medizin fühlt [...] eine starke Abneigung gegenüber allen Symptomen psychischer Natur – entweder ist der Körper krank, oder es fehlt einem überhaupt nichts. Und wenn man nicht beweisen kann, dass der Körper tatsächlich krank ist, so liegt es eben daran, dass unsere jetzigen Mittel es dem Arzt noch nicht ermöglichen, die wahre Natur der unzweifelhaft organischen Störungen zu finden. GW 11, § 13

Freuds Arbeiten haben gezeigt, dass die funktionellen Neurosen kausal auf unbewussten Inhalten basieren, deren Natur uns erlaubt zu verstehen, wie die Krankheit zustande kam. Der Wert dieser Entdeckung ist so groß wie die Entdeckung des spezifischen Erregers der Tuberkulose und anderer Infektionskrankheiten.

GW 17, § 130

Neurose – darüber darf kein Zweifel mehr herrschen – ist alles andere, nur nicht „nichts als". Neurose ist das Leiden einer menschlichen Seele mit ihrer ganzen, weltweiten Kompliziertheit, die so ungeheuerlich ist, dass man jede Neurosentheorie schon von vornherein ruhig als beinahe wertloses Aperçu bezeichnen kann.

GW 10, § 357

Der Grund des Leidens ist der geistige Stillstand, die seelische Unfruchtbarkeit. GW 11, § 497

Der wahre Grund zur Neurose aber liegt im Heute, denn die Neurose existiert in der Gegenwart.

GW 10, § 363

In der *Neurose* ist der Anpassungsprozess gestört, respektive die Neurose selber ist ein gestörter oder geminderter Anpassungsprozess, der in zwei Grundformen einzuteilen ist:
— die Anpassung an die äußere Bedingung ist gestört,
— die Anpassung an die innere Bedingung ist gestört.
Im ersten Falle sind als Grundzustände wieder zwei verschiedene Tatbestände zu unterscheiden, nämlich:
— die Anpassung an die äußere Bedingung kann gestört sein, dadurch dass das Subjekt ganz sich nur dem Äußeren anzupassen sucht unter gänzlicher Vernach-

lässigung des Inneren, wodurch die Balancierung des Anpassungsaktes wesentlich gestört wird,
— oder die Störung beruht auf einer vorzugsweisen Anpassung ans Innere.
Ebenso kann die Anpassung an die innere Bedingung in zweierlei Weise gestört sein, nämlich:
— durch eine exklusive Anpassung an Äußeres oder
— durch Vernachlässigung des Äußeren zugunsten der Anpassung an Inneres. GW 18/II, § 1087 ff.

Nicht weil der Neurotische seinen alten Glauben verloren hat, ist er krank, sondern weil er die neue Form seines besten Strebens noch nicht gefunden hat.

GW 4, § 669

Der Mensch mit einer Neurose, der weiß, dass er neurotisch ist, ist individuierter als der Mensch ohne eine solche Bewusstheit. Briefe III, S. 50 f.

Wenn der Mensch mit sich selbst uneins ist und es nicht weiß, hat er Illusionen; wenn er aber weiß, dass er mit sich uneins ist, ist er individuiert. Nach Schopenhauer ist Humor die einzige göttliche Eigenschaft des Menschen. Briefe III, S. 51

In der Neurose steckt in Wirklichkeit ein Stück noch unentwickelter Persönlichkeit, ein kostbares Stück Seele, ohne welches der Mensch zur Resignation, zur Bitterkeit und sonstigen Lebensfeindlichkeiten verdammt ist. GW 10, § 355

Diese Wandlungsfähigkeit des psychologischen Typus macht die Frage seiner Beziehung zum somatischen Typus zu einem äußerst schwierigen Problem. Wenn wir vollends die Ergebnisse der Persönlichkeitsentwicklung in Betracht ziehen, so kehren sich auch die groben Merkmale von Introversion und Extraversion um. Als Beispiel diene der Fall eines Mannes mit einer Herzneurose (36 Jahre alt). Er ist ein offenkundig extravertierter Typus, seine Frau in einem pathologischen Grade introvertiert. Es kam zur Scheidung. Er heiratet eine extrem extravertierte Frau, verliert seine Herzneurose und wird ein typisch Introvertierter mit dem Gefühl, dass das seine eigentliche Natur sei. Er ist ein erfolgreicher Geschäftsmann, der sich aus kleinsten Anfängen mit harter Arbeit durchgerungen hat. Seine ursprüngliche introvertierte Anlage wurde durch die Härte des Kampfes und durch seinen energischen Willen unterdrückt, musste aber in Form einer introvertierten Frau geheiratet und mit einer Herzneurose bezahlt werden. Briefe III, S. 76

Sehen Sie, es ist sehr typisch für uns Menschen, dass wir, solange die Dinge in der Schwebe sind und wir eine Chance haben, weiter- und weiterzuziehen, immer hoffen, das Gute hinter der nächsten Ecke zu finden, deshalb bestehen wir nie darauf, dort glücklich zu sein, wo wir gerade sind. Aber sobald wir uns niederlassen und annehmen, dass es jetzt klappen wird, stehen wir vor einer Ziegelmauer. Das Glück senkt sich nicht auf uns herab, es ist sogar ziemlich anstrengend stillzuhalten. Und dann denken wir bedauernd an frühere Zeiten, als wir noch entfliehen und irgendwo in den Wolken am Horizont verschwinden konnten. So versprechen wir uns ständig neue Länder, neue Chancen, wunderbare Dinge, und wir werden weiter- und weitergelockt und führen dabei ein provisorisches Leben.

Das ist sehr typisch für die spezifische Psychologie des Neurotikers; ein Teil der Neurose besteht aus diesem aufgeschobenen Leben oder vielmehr dem provisorischen Leben. Ich habe diesen Begriff von einem Patienten gelernt, der eine Zwangsneurose hatte. Er sagte: „Das Problem ist, ich führe ein provisorisches Leben, das den Namen Glückliche Neuroseninsel trägt und wo noch nichts passiert ist. Ich bin jetzt fünfundvierzig und ich weiß, dass ich mein provisorisches Leben mit siebzehn begann – damals ging ich auf die Glückliche Neuroseninsel. Und ich kann nicht geheilt werden, weil ich, wenn ich mich wieder erinnern würde, als siebzehnjähriger Junge aufwachen würde und erkennen müsste, dass ich so viele Jahre meines Lebens verschwendet habe. Jetzt habe ich Hoffnung, und ich kann leben."

Ich sagte ihm am Anfang, dass er es nicht schaffen werde, weil er es nicht fertigbringen werde, dreißig Jahre seines Lebens zu opfern; es ist ein blutiges Opfer, dreißig Jahre seines Lebens abzuschneiden. Er hätte es tun können, wenn er hätte geheilt werden wollen, aber er tat es nicht. Ein solcher Fall bringt das kaum je fertig. Das ist eine ausgezeichnete Formulierung der speziellen Psychologie des Neurotikers. Er lebt, als ob es keine Zeit gäbe, als ob noch nichts passiert wäre und alles noch in der Zukunft. Für ihn gibt es kein Hier und Jetzt, sondern eine Ewigkeit von zehn Millionen Möglichkeiten, und weil er von etwas wie einer Fantasie oder einem vagen Fühlen verlockt wird, blockt er sofort jedes Handeln ab, das zu etwas Definitivem führen könnte, und macht es irgendwie wirkungslos. Der Neurotiker kann oder will den neuen Ort nicht in Besitz nehmen, für den er sich mit allen Risiken und Chancen als ganz und gar verantwortlich erklären müsste. Traumanalyse, S. 714 f.

Wenn es irgendwo deutlich geworden ist, dass es weniger Krankheiten als vielmehr kranke Individuen gibt, so ist das bei den Neurosen der Fall. Hier finden wir die individuellsten aller Krankheitsbilder, und nicht nur das, wir entdecken in den Neurosen häufig Inhalte respektive Persönlichkeitsteile, die für den Kranken selber individuell charakteristischer sind als seine zivile, vielleicht allzu farblose Erscheinung. Weil die Neurosen so ungemein individuell sind, so stellt ihre theoretische Formulierung eine fast unmögliche Aufgabe dar.

GW 17, § 203

Neurose – ein Leiden der Menschheit

Bei der Neurose bestehen zwei Tendenzen, die zueinander in striktem Gegensatz stehen und von denen die eine unbewusst ist. Dieser Satz ist absichtlich sehr allgemein formuliert; denn ich möchte damit hervorheben, dass der krankmachende Konflikt zwar wohl ein persönliches Moment ist, aber zugleich auch ein im Individuum offenbar werdender Konflikt der Menschheit, denn das Uneinssein mit sich selbst ist überhaupt ein Kennzeichen des Kulturmenschen. Der Neurotiker ist nur ein Spezialfall des mit sich selber uneinigen Menschen, welcher Natur und Kultur in sich vereinigen sollte.

GW 7, §16

Im Falle eines psychologischen Leidens – das ja den Betroffenen immer von den sogenannten normalen Menschen isoliert – ist es ebenfalls von größter Wichtigkeit, einsehen zu können, dass der Konflikt nicht nur ein persönliches Versagen ist, sondern gleichzeitig ein Leiden, das jedermann angeht, und ein Problem, das der ganzen Epoche aufgebürdet ist. Dieser allgemeine Gesichtspunkt hebt den Einzelnen aus sich heraus und verbindet ihn mit der Menschheit. Das

Leiden braucht nicht einmal eine Neurose zu sein; es kann unter ganz normalen Umständen auftreten. Wenn man zum Beispiel in einer wohlhabenden Gesellschaft lebt und plötzlich all sein Geld verliert, empfindet man das natürlicherweise als eine Schande und etwas Furchtbares; man kommt sich vor, als sei man der Einzige, der so töricht sein könne, sein Geld zu verlieren. Verlieren aber alle ihr Geld, so ist das etwas ganz anderes, und man kann sich mit dem Schicksal versöhnen. Sowie andere sich in der gleichen misslichen Lage befinden wie man selbst, fühlt man sich schon besser. GW 18/I, §232

Niemand ist ohne Leiden, solange er im chaotischen Strom des Lebens schwimmt. Briefe I, S. 68

Zur Entstehung der Neurose

Da die Neurose aus einem fragmentarischen Zustand des menschlichen Bewusstseins entsteht, kann sie nur durch eine annähernde Ganzheit des Menschen geheilt werden. Briefe III, S. 375

Ich erkenne das Leiden der Menschheit in der leidvollen Situation des Einzelnen und umgekehrt.

Briefe III, S. 335

In der Regel ist die Neurose eine pathologisch einseitige Entwicklung der Persönlichkeit, deren kaum wahrnehmbare Anfänge bis in die früheste Kindheit zurückverfolgt werden können. Es wäre sehr willkürlich geurteilt, wollte man sich mit Bestimmtheit über den tatsächlichen Beginn einer Neurose äußern.

Es ließe sich wohl eher rechtfertigen, die determinierende Ursache im pränatalen Stadium eines Patienten zu suchen und damit auch die psychische und physische Disposition der Eltern zur Zeit der Konzeption und der Schwangerschaft in Betracht zu ziehen, als willkürlich ein Moment im persönlichen Leben des Patienten für die Entstehung der Neurose verantwortlich zu machen. GW 16, §257 f.

Der heutige Neurologe erkennt mehr und mehr, dass der Ursprung der Nervosität seiner Patienten nur sehr selten jüngeren Datums ist, sondern vielmehr auf frühkindliche Eindrücke und Entwicklungen zurückgeht. Hier ist die Quelle so vieler späterer nervöser Erkrankungen. Die meisten Neurosen gehen aus einer falschen psychologischen Einstellung hervor, die eine Anpassung an die Umwelt oder die eigenen Bedürfnisse des Individuums verhindert. Diese falsche psychologische Haltung, die fast jeder Neurose zugrunde liegt, ist in der Regel im Laufe der Jahre entstanden und hat sehr häufig in der frühen Kindheit ihren Anfang genommen, als Folge unzuträglicher familiärer Einflüsse. GW 18/II, §1793

Wäre [...] damit eine definitive und befriedigende Antwort gegeben, dass zum Beispiel die ursprüngliche, infantile Abhängigkeit von der Mutter die Ursache der Sehnsucht sei, so müsste mit dieser Erkenntnis auch eine Lösung eintreten. Es gibt solche infantilen Abhängigkeiten, welche tatsächlich verschwinden, wenn sie gründlich eingesehen werden. Diese Tatsache sollte aber nie zum Glauben verführen, dass dem in allen Fällen so sei. Es bleibt in allen Fällen etwas zurück, gelegentlich anscheinend so wenig, dass der Fall praktisch erledigt ist, gelegentlich aber auch so viel, dass weder Patient noch Arzt mit dem Resultat zufrieden sind, oft sogar so viel, dass man das Gefühl hat, als ob überhaupt nichts geschehen sei. Überdies habe ich schon viele Patienten behandelt, die sich ihres ursächlichen Komplexes bis in alle Einzelheiten bewusst waren, ohne dass diese Einsicht ihnen irgendwie wesentlich geholfen hätte. GW 8, §715

Es ist gewiss nicht zu bezweifeln, dass viele Neurosen sich mit traumatischen Erlebnissen schon in der Kindheit ankündigen und dass rückschauende Sehnsucht nach kindlicher Unverantwortlichkeit gewissen Patienten tägliche Versuchung bedeutet. GW 17, §201

Manche fürchten sich geradezu, den Versuch zu wagen und auf eigenen Füßen zu stehen, weil sie aus Erfahrung wissen, dass das Unbewusste in anscheinend unberechenbarer Weise immer wieder einmal störend in ihr Leben eingreifen kann. GW 8, §140

Wie Sie wissen, ist der ursprüngliche Standpunkt, dass Hysterie und die ihr verwandten Neurosen in einem Trauma oder einem sexuellen Schockerlebnis während der frühen Kindheit ihren Ursprung haben, vor etwa fünfzehn Jahren [ca. 1900] aufgegeben worden. Es stellte sich bald heraus, dass das sexuelle Trauma nicht die eigentliche Ursache der Neurose sein konnte, und zwar aus dem einfachen Grunde, weil dieses Trauma sich als nahezu universal erwies. Es gibt kaum jemanden, der nicht in früher Jugend irgendeine Art von sexuellem Schock erlebt hat, und dennoch entwickelt sich bei verhältnismäßig wenigen Menschen im späteren Leben eine Neurose. Freud entdeckte bald, dass viele Patienten, die von einer frühen traumatischen Erfahrung berichteten, die Geschichte von dem sogenannten Trauma nur erfunden hatten; in Wirklichkeit war es nie vorgekommen, sondern war ein bloßes Produkt der Fantasie. Überdies ergaben weitere Untersuchungen ganz eindeutig, dass, selbst wenn tatsächlich ein Trauma vorgelegen hatte, dieses nicht immer allein für die Neurose verantwortlich gemacht werden konnte, auch wenn es manchmal wirklich so aussieht, als ob die Struktur der Neurose völlig von dem Trauma abhinge. Wenn eine Neurose die unausweichliche Folge des Traumas sein würde, so wäre unbegreiflich, dass es nicht wesentlich mehr Neurotiker gibt.

Die scheinbar gesteigerte Wirkung des Schocks beruht eindeutig auf der übertreibenden, krankhaften Fantasie des Patienten. GW 4, § 559 f.

Jede auf die Psyche bezügliche Wahrheit [muss], um sie ganz wahr zu machen, sofort auch umgedreht werden [...]. So ist man zum Beispiel neurotisch, weil man verdrängt oder weil man nicht verdrängt; weil man den Kopf voll von infantil-sexuellen Fantasien hat oder weil man sie nicht hat; weil man infantil unangepasst ist an die Umgebung oder weil man zu viel (das heißt ausschließlich) an die Umgebung angepasst ist; weil man nach dem Lustprinzip lebt oder weil man nicht danach lebt; weil man zu unbewusst oder weil man zu bewusst ist; weil man egozentrisch ist oder weil man selber zu wenig existiert usw. Diese nach Belieben zu vermehrenden Antinomien zeigen deutlich, wie schwierig und wie undankbar sich die Aufgabe einer Theoriebildung auf diesem Gebiet gestaltet. GW 17, § 203

Die Neurose ist ein Übergangsstadium, es ist die Rastlosigkeit zwischen zwei Positionen. GW 18/I, § 667

Wie die Neurose, so ist auch die Psychose in ihrem inneren Verlauf ein Individuationsprozess, der aber in der Regel nicht ans Bewusstsein angeschlossen ist und darum als Ouroboros [Schlange, die sich in den Schwanz beißt und einen in sich selbst verlaufenden unbewussten Prozess symbolisiert] im Unbewussten verläuft. Durch psychologische Vorbildung wird der Prozess aber ans Bewusstsein angeschlossen, resp. es besteht die Chance einer solchen Verbindung und damit auch einer Heilwirkung vonseiten des Individuationsprozesses. Briefe I, S. 458

Unter den sogenannten neurotischen Patienten unserer Tage gibt es nicht wenige, die in früheren Zeiten nicht neurotisch, d.h. entzweit mit sich selber geworden wären. Hätten sie in einer Zeit und in einem Milieu gelebt, wo der Mensch noch durch den Mythus mit der Ahnenwelt und dadurch mit der erlebten und nicht bloß von außen gesehenen Natur verbunden war, so wäre ihnen das Uneinswerden mit sich selber erspart geblieben. Es handelt sich um Menschen, die den Verlust des Mythus nicht ertragen und weder den Weg zu einer nur äußeren Welt, d.h. zum Weltbild der Naturwissenschaft finden noch sich am intellektuellen Fantasiespiel mit Wörtern, das mit Weisheit nicht das Geringste zu tun hat, sättigen können.

Diese Opfer der seelischen Spaltung unserer Zeit sind bloße „Fakultativneurotiker“, von denen das anscheinend Krankhafte in dem Moment abfällt, wo die Lücke, die zwischen dem Ich und dem Unbewussten klafft, geschlossen wird. Wer diese Spaltung selber zutiefst erfahren hat, ist auch am ehesten in der Lage, sich ein besseres Verständnis der unbewussten seelischen Vorgänge zu erwerben und jene typische, dem Psychologen drohende Gefahr der Inflation zu vermeiden. Wer die numinose Wirkung der Archetypen nicht aus eigener Erfahrung kennt, der wird kaum dieser negativen Wirkung entgehen, wenn er in praxi mit ihr konfrontiert ist. Erinnerungen, S. 165

Ich bin nicht völlig pessimistisch in Bezug auf die Neurose. Es gibt viele Fälle, in denen wir sagen müssen: „Gott sei Dank konnte er sich dazu entschließen, neurotisch zu werden.“ Die Neurose ist wirklich ein Versuch zur Selbstheilung, genauso wie jede physische Krankheit zum Teil ein Versuch zur Selbstheilung ist. Wir können die Krankheit nicht mehr als ein ens per se betrachten, das heißt als etwas Losgelöstes, als was man sie noch vor nicht allzu langer Zeit ansah. Die moderne Medizin – die innere Medizin zum Beispiel – fasst die Krankheit als ein aus einem störenden Faktor und einem heilenden Faktor zusammengesetztes System auf. Genauso ist es mit der Neurose. Sie ist ein Versuch des selbstregulierenden psychischen Systems, das Gleichgewicht wiederherzustellen, genau wie der Traum – nur eben stärker und drastischer.

GW 18/I, § 389

Mir scheint überhaupt, dass die seelischen Grundtatsachen sich im Laufe des Lebens gewaltig ändern, so sehr, dass man beinahe von einer Psychologie des Lebensvormittags und des Lebensnachmittags sprechen könnte. In der Regel steht das Leben des jugendlichen Menschen im Zeichen einer allgemeinen Expansion mit Erstrebung sichtbarer Ziele, und seine Neurose scheint hauptsächlich auf dem Zögern oder dem Zurückweichen vor dieser Richtung zu beruhen. Das Leben des alternden Menschen dagegen steht im Zeichen der Kontraktion, dem Behaupten des Erreichten und dem Abbau der Ausdehnung. Seine Neurose beruht im

Wesentlichen auf einem unzeitgemäßen Verharren in der jugendlichen Einstellung. Wie der junge Neurotiker sich scheut vor dem Leben, so weicht der alte zurück vor dem Tod. Was dem Jungen einst normales Ziel war, wird dem Alten neurotisches Hemmnis. [...] Es ist natürlich, dass beim jungen Menschen Neurose, Widerstand, Verdrängung, Übertragung, Fiktionen usw. eine umgekehrte Bedeutung als beim alten haben, trotz aller anscheinenden Ähnlichkeit. Demgemäß müssen wohl auch die Ziele der Therapie modifiziert werden. Das Alter des Patienten erscheint mir daher als eine höchst wichtige Indikation. GW 16, § 75

Aber auch wenn wir die bewusste Situation kennen, so wissen wir damit noch nichts über die Haltung des Unbewussten. Da das Unbewusste nicht nur die Matrix der Träume, sondern auch die der psychogenen Symptome ist, kommt der Frage nach der Haltung des Unbewussten eine besondere praktische Wichtigkeit zu. Unbekümmert darum, ob ich und andere mit mir meine bewusste Einstellung als richtig empfinden, kann das Unbewusste sozusagen „anderer Meinung sein". Dies ist – und namentlich im Fall einer Neurose – insofern nicht gleichgültig, als es das Unbewusste durchaus in der Hand hat, allerlei unliebsame Störungen durch oft folgenschwere Fehlhandlungen zu verursachen oder neurotische Symptome zu erzeugen. Solche Störungen beruhen auf einer Nichtübereinstimmung von „bewusst" und „unbewusst". „Normalerweise" sollte wohl eine solche Übereinstimmung vorhanden sein. Tatsache ist aber, dass sie sehr häufig nicht besteht, und dies ist der Grund zu einer unabsehbaren Vielzahl psychogener Unzuträglichkeiten, von schweren Unglücksfällen und Krankheiten bis zum harmlosen lapsus linguae. Auf diese Beziehung hingewiesen zu haben, ist das Verdienst von Freud. GW 8, § 546

Psychose als Einbruch unbekannter Kräfte

Man täuscht sich, wenn man glaubt, das Unbewusste sei etwas Harmloses, das man zum Gegenstand von Gesellschaftsspielen machen könne. Gewiss ist das Unbewusste nicht unter allen Umständen gefährlich; aber sobald eine Neurose auftritt, so ist dies ein Zeichen, dass im Unbewussten eine besondere Energieanhäufung vorhanden ist, nämlich eine Art von Ladung, die explodieren kann. Hier ist Vorsicht geboten. Man weiß zunächst nicht, was man auslöst, wenn man anfängt, Träume zu analysieren. Man setzt damit vielleicht etwas Innerliches und Unsichtbares in Bewegung; höchstwahrscheinlich ist es etwas, das später sowieso an den Tag heraufgewachsen wäre – vielleicht wäre es aber auch nie zum Vorschein gekommen. Man gräbt gewissermaßen nach einem artesischen Brunnen, und man riskiert, auf einen Vulkan zu stoßen. Wenn neurotische Symptome vorhanden sind, so muss man behutsam vorgehen. Aber die neurotischen Fälle sind noch lange nicht die gefährlichsten. Es gibt nämlich gelegentlich anscheinend normale Personen, die keine besonderen neurotischen Symptome aufweisen – es sind vielleicht selber Ärzte und Erzieher, die sogar auf ihre Normalität pochen und Muster von guter Erziehung sind, überdies äußerst normale Ansichten und Lebensgewohnheiten haben, deren Normalität aber eine *künstliche Kompensation für eine latente* (verborgene) *Psychose* ist. Die Betreffenden selber ahnen nichts von ihrem Zustand. Ihre Ahnung kommt vielleicht nur indirekt darin zum Ausdruck, dass sie sich für Psychologie und Psychiatrie besonders interessieren und von solchen Dingen angezogen werden wie die Motte vom Licht. Da nun die analytische Technik das Unbewusste aktiviert und zum Vorschein bringt, zerstört sie in solchen Fällen die heilsame Kompensation, und das Unbewusste bricht hervor in Form von nicht mehr aufzuhaltenden Fantasien und nachfolgenden Erregungszuständen, die unter Umständen direkt in eine Geisteskrankheit hineinführen, eventuell vorher schon einen Selbstmord veranlassen können. Diese latenten Psychosen sind leider nicht allzu selten.

GW 7, §192

Als Initialsymptom seiner schweren Zwangsneurose hatte ein Patient in seinem 16. Lebensjahr folgenden Traum: *Er geht auf einer unbekannten Straße. Es ist dunkel. Er hört Schritte hinter sich kommen. Er geht schneller, leise, ängstlich. Die Schritte nähern sich, und seine Angst wächst. Er fängt an zu laufen. Aber die Schritte scheinen ihn einzuholen. Schließlich dreht er sich um, und da sieht er den Teufel. In seiner Todesangst springt er in die Luft und bleibt dort hängen.* Dieser Traum wiederholte sich zweimal, zum Zeichen seiner besonderen Wichtigkeit.

Bekanntlich hat die Zwangsneurose durch ihre Skrupulosität und zeremonielle Zwanghaftigkeit nicht nur den oberflächlichen Anschein eines moralischen Problems, sondern sie steckt auch innerlich voll von Unmenschlichkeit, Kriminalität und ruchlos Üblem, gegen dessen Integration sich die im Übrigen fein organisierte Persönlichkeit verzweifelt sträubt. Aus diesem Grunde muss dann so vieles in zeremoniell „richtiger" Weise gemacht werden, gewissermaßen als Gegengewicht gegen das Böse, das drohend im Hintergrund steht. Nach diesem Traum begann die Neurose, die im Wesentlichen darin bestand, dass sich der Patient, wie er sich ausdrückte, in einem „provisorischen" oder „unkontaminierten" reinen Zustand erhielt, indem er den Kontakt mit der Welt und allem, was an Vergänglichkeit erinnerte, durch wahnsinnige Umständlichkeit, skrupellose Reinigungszeremonien und ängstliche Beobachtung zahlloser, über alle Maßen komplizierter Gebote aufhob oder „ungültig" machte. Noch bevor der Patient das ihm bevorstehende Höllendasein ahnte, zeigte ihm der Traum, dass es sich für ihn um einen Pakt mit dem Bösen handelte, wenn er wieder auf die Erde zurückkommen wollte. GW 7, § 285 f.

Immer und überall wurden Geisteskranke als von bösen Geistern Besessene angesehen. Diesem Glauben kommt der Kranke durch seine Halluzinationen entgegen. Diese Art von Kranken leiden weniger an Visionen als vielmehr an Halluzinationen des Gehörs: Sie hören „Stimmen". Diese Stimmen sind sehr häufig diejenigen von Angehörigen oder von Personen, welche mit den subjektiven Konflikten des Kranken irgendwie verknüpft sind. Auf den naiven Verstand machen solche Halluzinationen natürlicherweise den Eindruck, als ob sie von Geistern herrührten. GW 8, § 576

Eine weitere Quelle für den Geisterglauben sind [neben den Träumen] die *psychogenen Krankheiten*, nervöse Störungen, besonders solche von hysterischer Art [...]. Da solche Krankheiten aus psychologischen Konflikten hervorgehen, die größtenteils unbewusst sind, so hat es den Anschein, als ob diese Krankheiten verursacht wären durch diejenigen Lebenden oder Verstorbenen, welche mit dem subjektiven Konflikt irgendwie wesentlich verbunden sind. Handelt es sich um Verstorbene, so liegt die Annahme nahe, dass es ihr Geistsei, welcher eine schädliche Wirkung ausgeübt habe. [...] Aus diesen Beziehungen erklärt sich der vielfach verbreitete Ahnen- und Verwandtenkultus. Der Totenkult bedeutet in erster Linie einen Schutz gegen das Übelwollen der Verstorbenen. Wer sich mit der Behandlung Nervenkranker beschäftigt, weiß, wie groß die Bedeutung der Elterneinflüsse auf die Kranken ist. Viele Patienten fühlen sich geradezu verfolgt von den Eltern, auch wenn diese längst tot sind. Die psychologischen Nachwirkungen der Eltern sind so stark, dass sich, wie gesagt, bei vielen Völkern ein ganzes System des Totenkultus herausgebildet hat. GW 8, § 575

Als ich mich 1925/26 auf einer Expedition am Mount Elgon aufhielt, erkrankte eine unserer Wasserträgerinnen, eine junge Frau, die in einem benachbarten Kraal wohnte, allem Anschein nach an einem septischen Abort mit hohem Fieber. Unsere spärliche Ausrüstung genügte nicht zu einer Behandlung. Die Angehörigen ließen sofort einen „nganga“, einen Medizinmann, kommen. Dieser ging in immer weiteren Kreisen um die Hütte herum und beschnupperte die Umgebung. Plötzlich stand er still auf einem Pfad, der vom Berg herunterkam, und erklärte, die Kranke sei die einzige Tochter von Eltern, die allzu jung gestorben seien und sich jetzt oben im Bambuswald aufhielten, von woher sie jede Nacht herunterkämen, um die Tochter krankzumachen, damit sie sterbe und ihnen dann Gesellschaft leiste. Es wurde nun sofort an diesem Pfade eine „Geisterfalle“ in Gestalt einer Miniaturhütte gebaut, eine kleine Lehmfigur als Simulacrum der Kranken geformt und mit „posho“ (Lebensmitteln) in das Hüttchen gelegt. Nachts kehrten die Geister dort ein, weil sie meinten, bei der Tochter zu sein. Zu unserem maßlosen Erstaunen genas die Kranke innerhalb von zwei Tagen. War unsere Diagnose falsch? Das Rätsel blieb ungelöst. **GW 8, § 575, Anmerkung 1**

Wir haben keinen Anlass, Dinge als abnormal zu bezeichnen, die unsere Vorfahren sehr gut kannten […]. Sie sprechen davon, dass ein Teufel oder ein Inkubus oder ein Geist in den Menschen eingegangen sei oder dass seine Seele ihn verlassen habe – eine seiner Teilseelen, von denen sie manchmal bis zu sechs besitzen. Wenn ihn seine Seele verlässt, ist er plötzlich in anderer Stimmung; er hat eine Einbuße erlitten, er leidet an einem Selbst-Verlust. Diesen Vorgang kann man bei neurotischen Patienten häufig beobachten. Plötzlich verlieren sie ihre Energie, sie verlieren sich selbst, und sie geraten unter einen fremden Einfluss. Diese Phänomene sind noch nicht pathologisch; sie gehören zu den normalen Erscheinungsformen des Menschlichen; nur wenn sie habituell werden, sprechen wir mit Recht von einer Neurose. Solche Dinge können also zur Neurose führen; zunächst sind sie aber einfach außergewöhnliche Zustände normaler Menschen. GW 18/I, § 43

Wenn der Körper leidet, leidet die Seele

Psychische und somatische Störungen sind „Übel" und als Krankheiten moralisch sowohl wie physisch.

GW 11, § 248

Der Mensch muss mit dem Problem des Leidens fertigwerden. Der östliche Mensch will sich des Leidens entledigen, indem er das Leiden abstreift. Der abendländische Mensch versucht, das Leiden durch Drogen zu unterdrücken. Aber das Leiden muss überwunden werden, und überwunden wird es nur, indem man es trägt.

Briefe I, S. 300, Anmerkung

Man kann nur sagen, dass gewisse physiologische Zustände eindeutig durch psychische Störungen verursacht sind und dass andere von solchen Störungen lediglich begleitet werden. Körper und Geist sind zwei Aspekte des Menschen, und das ist alles, was wir wissen. Deshalb sage ich lieber, dass die beiden Dinge in einer geheimnisvollen Weise zusammen geschehen, und wir lassen es besser dabei, da wir nicht die beiden als eines denken können. GW 18/I, §70

Es ist in der Tat unmöglich, die Seele und die menschliche Persönlichkeit überhaupt in bloßen Ausschnitten zu behandeln. Bei allen seelischen Störungen wird es vielleicht noch deutlicher als bei körperlichen Erkrankungen, dass die Seele ein Ganzes ist, wo alles an allem hängt. Der Kranke bringt uns mit seiner Neurose keine Spezialität, sondern eine ganze Seele und damit auch ein ganzes Stück Welt, an welchem diese Seele hängt und ohne welches sie nie genügend verstanden werden könnte. GW 16, §212

Breuer und Freud haben vor über einem halben [d.h.: fast einem ganzen] Jahrhundert die Tatsache erkannt, dass neurotische Symptome bedeutungsvoll und insofern sinnvoll sind, als sie einen bestimmten Gedanken zum Ausdruck bringen. Mit anderen Worten, sie sind auf die gleiche Weise symbolisch wie Träume: *Sie symbolisieren.* Ein Patient zum Beispiel, der sich in einer unerträglichen Lage befindet, bekommt jedes Mal einen Krampf, wenn er schlucken will: Er „kann nicht schlucken". Unter ähnlichen Umständen bekommt ein anderer Patient Asthma: „Er kann die Luft zu Hause nicht atmen". Ein Dritter leidet an einer merkwürdigen Lähmung der Beine: Er kann nicht gehen, das heißt, „es geht so nicht weiter". Ein Vierter bricht alles, was er isst, wieder aus: „Er kann es nicht verdauen“, und so fort. Er hätte ebenso gut Träume dieser Art haben können.

Die Träume weisen natürlich größere Mannigfaltigkeit auf und sind oft voll malerischer und üppiger Fantasien, doch sie lassen sich letzten Endes auf den gleichen Grundgedanken zurückführen. GW 18/I, § 421 f.

Indien ehrte mich mit drei Doktordiplomen – Allahabad, Benares und Kalkutta. Das Erste repräsentiert den Islam, das Zweite den Hinduismus und das Dritte die Britisch-Indische Medizin und Naturwissenschaft. Das war etwas zu viel, und ich bedurfte einer Retraite. Ein zehntägiger Spitalaufenthalt verschaffte sie mir, als ich in Kalkutta von einer Dysenterie erwischt wurde. So entstand für mich im unerschöpflichen Meer der Eindrücke eine rettende Insel, und ich fand den Boden wieder, d.h. einen Standort, von dem aus ich die zehntausend Dinge und ihren verwirrenden Strudel, die Höhen und Tiefen, die Herrlichkeit Indiens und seine unaussprechliche Not, seine Schönheit und seine Dunkelheit betrachten konnte. Erinnerungen, S. 308

Es ist selbstverständlich, dass wir [...] Träumen auch besonders bei *krankhaften körperlichen Zuständen* begegnen, wo zum Beispiel heftige Schmerzen den Traumablauf entscheidend beeinflussen. Nach meiner Ansicht haben die somatischen Reize nur ausnahmsweise eine determinative Bedeutung. Gewöhnlich gehen sie ganz ein in den symbolischen Ausdruck des unbewussten Trauminhaltes, das heißt, sie werden mit als Ausdrucksmittel benützt. Nicht selten ergeben die Träume eine merkwürdige innere symbolische Verbindung zwischen einer zweifellos körperlichen Krankheit und einem bestimmten seelischen Problem, wobei die physische Störung geradezu als mimischer Ausdruck der psychischen Lage erscheint. Ich erwähne diese Merkwürdigkeit mehr der Vollständigkeit halber, als dass ich auf dieses problematische Gebiet einen besonderen Nachdruck verlegen wollte. Mir scheint aber, dass zwischen physischen und psychischen Störungen ein gewisser Zusammenhang existiert, dessen Bedeutung man im Allgemeinen unterschätzt, allerdings andererseits auch wieder maßlos überschätzt, indem gewisse Richtungen die physische Störung bloß als einen Ausdruck der psychischen Störung verstehen wollen.

GW 8, § 502

[Durch Unentschlossenheit] war natürlich der Fortschritt des Lebens aufgehalten, und es stellte sich jenes für die Neurose so charakteristische Uneinssein mit sich selber ein. Der sogenannte normale Mensch vermag wohl mit einem kräftigen Willensakt die Gefühlsfessel auf der einen oder anderen Seite zu zerreißen, oder – was vielleicht das Gewöhnliche ist – er gleitet auf der glatten Bahn des Instinktes unbewusst auf die andere Seite, ohne sich je darüber klarzuwerden, was für ein Konflikt hinter einigen Kopfschmerzen oder sonstigem physischen Übelbefinden stattgefunden hat. Eine gewisse Instinktschwäche aber (die vielerlei Ursachen haben kann) genügt, um einen glatten, unbewussten Übergang zu verhindern. Dann bleibt der Fortschritt im Konflikt stecken, und der daraus erfolgende Stillstand des Lebens ist gleichbedeutend mit Neurose. Infolge des Stillstandes nämlich überfließt die psychische Energie nach allen möglichen, zunächst unnütz erscheinenden Richtungen; z. B. entstehen zu starke Innervationen des Sympathikus, woraus nervöse Magen- und Darmstörungen hervorgehen, oder der Vagus (und damit das Herz) wird erregt, oder es werden Fantasien und Reminiszenzen, die an und für sich uninteressant genug wären, überwertig und obsedieren das Bewusstsein. (Die Laus wird zum Elefanten! usw.) In diesem Zustand bedarf es eines weiteren Motives, welches dem krankhaften Gleichgewicht ein Ende bereitet. Die Natur selbst leitet unbewusst und indirekt dazu über. GW 7, §706

Abgesehen von den Risiken der Behandlung kann das Unbewusste auch an und für sich gefährlich werden. Eine der allergewöhnlichsten Formen der Gefahr besteht in der Veranlassung von Unglücksfällen. Eine weit größere Anzahl von Unfällen jeglicher Art, als das Publikum etwa vermuten würde, sind psychisch veranlasst, angefangen mit kleinen Unfällen, Stolpern, Sich-Stoßen, Sich-die-Finger-Verbrennen usw. bis zu Automobilunfällen und Katastrophen in den Bergen: Alles kann psychisch verursacht und bisweilen schon für

Wochen oder Monate vorbereitet sein. [...] In gleicher Weise können körperliche Krankheiten zum Entstehen oder zum Fortdauern gebracht werden. Ein unrichtiges Funktionieren der Psyche kann den Körper weitgehend schädigen, wie umgekehrt ein körperliches Leiden die Seele in Mitleidenschaft zu ziehen vermag; denn Seele und Körper sind nichts Getrenntes, vielmehr ein und dasselbe Leben. So gibt es selten eine körperliche Krankheit, die nicht seelisch kompliziert ist, auch wenn sie nicht psychisch verursacht ist. GW 7, §194

[Der praktische Arzt] sieht ja die Neurotiker als sozusagen körperlich Kranke unter anderen Patienten, die an überwiegend körperlichen Störungen leiden. Die psychogen bedingte Krankheit empfindet er naturgemäß als körperlich, und er wird darum in erster Linie an ein körperliches Heilmittel denken. Ihm liegt der Standpunkt des orthodoxen Psychotherapeuten, der die Neurosen mit scharfem Schnitt von der Pathologie des Körpers trennt, ferne. Aber auch die Neurosen sind unorthodox und erweisen sich der körperlichen Behandlung gegenüber gar nicht immer ablehnend. Die Tatsache ist eben, dass es Neurosen vorwiegend körperlicher und solche vorwiegend seelischer Art gibt. Und es ist oftmals ein diagnostisches Kunststück, auszumachen, welcher Art ein bestimmter Fall zugehört. So ist die „Seelenheilkunde" unvermeidlicherweise zunächst eine seltsame Mischung körperlicher und geistiger therapeutischer Gesichtspunkte.

GW 18/II, §1776

Vor einigen Tagen kam eine Frau in meine Praxis. Sie war vor fünfzehn Jahren meine Patientin gewesen. Sie war ein schwieriger Fall, weil sie bestimmte Dinge nicht sehen wollte, sie wollte das Spiel nicht mitspielen, sie wollte ein Kind bleiben. Bestimmte Menschen können das Leben nicht ernst nehmen, als ob sie dazu geboren wären, ewige Kinder zu bleiben. Wenn jemand mit Diabetes zu mir kommt und seinen Symptomen keine Aufmerksamkeit schenkt oder nicht auf meinen Rat hört, dann kann ich nichts für ihn tun. Vor einigen Tagen sah ich meine alte Patientin wieder. Sie sah schrecklich aus, ich war schockiert. Sie merkte es und sagte: „Ja, es ist sehr schlimm, aber ich habe kein Problem mehr.“ Sie wollte, dass ich ihrem Mann sage, dass sie nicht mehr hysterisch sei, und es stimmte, dass sie keine Probleme, keine Schwierigkeiten hatte; sie hatte sie in sich aufgesaugt, sie in ihren Körper umgewandelt. In solchen Fällen rast das Herz aus psychischen Gründen, und das Ergebnis ist eine Neurose, die Ähnlichkeit mit einem Granatschock hat. Man zuckt bei allem zusammen, hat keine Kontrolle über seine Handlungen. Wenn Probleme in Körpersymptome umgesetzt werden, dann sind zwar die äußeren Schwierigkeiten verschwunden, aber der Körper verrottet.

Traumanalyse, S. 112

Krankheit – eine Frage nach dem Sinn

Wie der Körper der Nahrung bedarf, und zwar nicht irgendwelcher, sondern nur der ihm zusagenden, so benötigt die Psyche den Sinn ihres Seins. GW 13, § 476

Die Psychoneurose ist im letzten Verstande ein Leiden der Seele, die ihren Sinn nicht gefunden hat.

GW 11, § 497

Es ist tödlich für die Seele, unbewusst zu werden. Menschen sterben, bevor der Tod des Körpers eintritt, weil der Tod in der Seele hockt. Sie sind maskenhafte Blutegel, die wie Gespenster umhergehen, tot, aber immer noch saugend. Es ist eine Art von Tod. [...] Man kann sich von seinen Problemen entfernen, man braucht nur lang genug von ihnen wegzuschauen. Man kann ihnen entrinnen, aber es ist der Tod der Seele. [...] Schauen Sie sich bloß in einer Hotelhalle um – dort werden Sie Gesichter mit Masken sehen. Diese toten Seelen sind oft ständig auf Achse, um Problemen zu entfliehen; sie sehen gejagt aus und sind eine einzige Maske von Angst. Vor einiger Zeit lernte ich eine Frau kennen, die auf ihrer dritten Weltreise war. Als ich sie fragte, wozu sie das tue, schien sie von meiner Frage überrascht; sie antwortete: „Nun ja, ich werde meine Reise beenden. Was sollte ich sonst tun?“ In Afrika sah ich eine andere Frau, die mit einem Ford unterwegs war. Sie floh vor sich selbst, mit Augen, in denen die Angst flackerte. Sie wollte mir beichten, mir erzählen, dass sie ihr Leben aufgegeben habe. Sie hatte nur noch die Erinnerung an sich selbst, wie sie früher war. Sie jagte dem Verlorenen nach. Wenn man sieht, dass ein gewisser Lebensfunke aus dem Auge entschwunden ist, dann ist mit den physischen Funktionen des Körpers irgendetwas fehlgegangen.

Traumanalyse, S. 119

Sinnlosigkeit verhindert die Fülle des Lebens und bedeutet darum Krankheit. Erinnerungen, S. 370

Wir wissen zur Genüge, was es bedeutet, mit diesen „Wahrheiten“ [oder Überzeugungen] in einen leichtfertigen Konflikt zu geraten: Es bedeutet dasselbe wie die bewusste Hinwegsetzung über die Instinkte, nämlich Entwurzelung, Desorientierung, Sinnlosigkeit und wie alle diese Minderwertigkeitssymptome sonst noch heißen. Es ist einer der verhängnisvollsten soziologischen und psychologischen Irrtümer, an denen unsere Zeit so reich ist, dass man so häufig meint, von irgendeinem gegebenen Augenblick an könne etwas ganz anders werden, zum Beispiel könne sich der Mensch von Grund auf verändern oder es könnte eine Formel oder Wahrheit gefunden werden, die einen ganz neuen Anfang darstelle usw. Es ist noch immer ein Wunder gewesen, wenn überhaupt etwas wesentlich anders oder sogar besser geworden ist. Das Abgleiten von den Wahrheiten des Blutes erzeugt neurotische *Rastlosigkeit,* etwas, von dem man heutzutage nachgerade genug haben könnte. Rastlosigkeit erzeugt Sinnlosigkeit, und Sinnlosigkeit des Lebens ist ein seelisches Leiden, das unsere Zeit noch nicht in seinem ganzen Umfang und in seiner ganzen Tragweite erfasst hat. GW 8, § 815

In der Neurose steckt unser eigener bester Feind oder Freund. GW 10, § 359

Man kann sich auch schlechterdings kein System und keine Wahrheit ausdenken, welche das gäben, was der Kranke zum Leben braucht, nämlich Glaube, Hoffnung, Liebe und Erkenntnis.

Diese vier höchsten Errungenschaften menschlichen Strebens sind ebenso viele Gnaden, die man weder lehren noch lernen, weder geben noch nehmen, weder vorenthalten noch verdienen kann, denn sie sind an eine, menschlicher Willkür entzogene, irrationale Bedingung geknüpft, nämlich an das Erlebnis. Erlebnisse aber können nie „gemacht“ werden. Sie geschehen, aber nicht absolut, sondern glücklicherweise relativ. *Man kann sich ihnen nähern.* So viel liegt in unserer menschlichen Reichweite […], und überdies ist der Weg zum Erlebnis nichts weniger als ein Kunstgriff, sondern vielmehr ein Wagnis, das den *unbedingten Einsatz der ganzen Persönlichkeit* fordert.

Die therapeutische Notwendigkeit gelangt damit zu einer Frage und zugleich zu einem Hindernis, das unübersteiglich zu sein scheint. Wie können wir der leidenden Seele zum erlösenden Erlebnis verhelfen, aus dem ihr die vier großen Charismata zukommen und ihre Krankheit heilen sollen? Wohlmeinend raten wir wohl: Du solltest die wahre Liebe haben oder den wahren Glauben oder die wahre Hoffnung oder „erkenne dich selbst“. Aber woher soll der Kranke das vorher nehmen, was er eben erst nachher erhalten kann? […]

Hier öffnet sich eine Problematik des Lebens, die man gar nicht ernst genug nehmen kann, und hier stellt sich dem Seelenarzt ein Problem, das ihn in nächste Berührung mit dem Seelsorger bringt.

GW 11, § 500 ff.

Man kann aber einem Patienten nicht zur echten Assimilierung seiner neurotischen Inhalte verhelfen, wenn man ihn in seiner kindlichen Verantwortungslosigkeit belässt oder in der passiven Hinnahme eines blinden Geschickes, dessen Opfer er geworden ist. Seine Neurose hat den Sinn, dass er zu einer vollständigen Persönlichkeit werde, und das schließt Anerkennung seines Wesens, seiner guten und schlechten Seiten, seiner entwickelten und minderwertigen Funktionen ein, sowie die Fähigkeit, selbst die Verantwortung dafür zu übernehmen. GW 18/I, § 367

Der Leser wird gewiss fragen: Was in aller Welt kann der Wert und Sinn einer Neurose sein, dieser unnützlichsten und widerwärtigsten Plage der Menschheit? Nervös sein – wozu soll das gut sein? Gewiss etwa so, wie der liebe Gott die Fliegen und sonstiges Ungeziefer geschaffen hat, damit der Mensch sich in der nützlichen Tugend der Geduld übe. So dumm dieser Gedanke vom Standpunkt der Naturwissenschaft aus ist, so klug kann er sein vom Standpunkt der Psychologie aus, wenn wir nämlich in diesem Fall statt „Ungeziefer" „nervöse Symptome" setzen. Selbst Nietzsche, der wie selten einer dumme und banale Gedanken verschmähte, hat es mehr denn einmal anerkannt, was er alles seiner Krankheit verdankte. GW 7, § 68

Es sind wiederum seelische Realitäten, welche Krankheiten verursachen und heilen können. Wie oft hörte ich schon einen Kranken ausrufen: „Wenn ich wüsste, dass mein Leben irgendeinen Sinn und Zweck hätte, dann brauchte ich diese ganze Nervengeschichte nicht!" Ob der Betreffende nun reich oder arm ist, Familie und Stellung hat oder nicht, macht gar nichts aus, denn diese Tatsache genügt ihm als Lebenssinn längstens nicht. Es handelt sich vielmehr um die irrationale Notwendigkeit eines sogenannten geistigen Lebens, das er aber weder von Universitäten noch von Bibliotheken noch auch von Kirchen beziehen kann. Denn er kann es nicht annehmen, weil es nur seinen Kopf berührt, nicht aber sein Herz ergreift. In einem solchen Falle ist die richtige Erkenntnis der geistigen Faktoren vonseiten des Arztes schlechthin lebenswichtig, und dieser vitalen Notwendigkeit kommt das Unbewusste des Patienten auch insofern entgegen, als es zum Beispiel in den Träumen Inhalte hervorbringt, deren Natur wesentlich als religiös angesprochen werden muss. Die geistige Provenienz solcher Inhalte zu verkennen, bedeutet Fehlbehandlung und dementsprechend Misserfolg. GW 8, §686

Unsere Absicht ist ein bestmögliches *Begreifen des Lebens,* wie es sich in der Seele des Menschen darstellt. Was wir durch dieses Verständnis lernen, soll – so ist meine aufrichtige Hoffnung – nicht versteinern in Form einer intellektuellen Theorie, sondern ein Werkzeug werden, das durch praktische Anwendung seine Eigenschaften verbessern wird, sodass es seinen Zweck so vollkommen wie möglich erfüllen kann. Die bessere Anpassung der menschlichen Lebensführung ist seine Absicht, und zwar die Anpassung in zwei verschiedenen Richtungen (Krankheit ist nämlich verminderte Anpassung). Der Mensch muss nach zwei verschiedenen Seiten angepasst sein, einmal an das äußere Leben – Beruf, Familie, Sozietät – und sodann an die vitalen Erfordernisse seiner eigenen Natur. Vernachlässigung der einen oder der anderen Notwendigkeit kann zur Krankheit führen. GW 17, § 172

Ich habe schon mehr als einen gesehen, der seine ganze Nützlichkeit und Daseinsberechtigung einer Neurose verdankte, die alle entscheidenden Dummheiten seines Lebens verhinderte und ihn zu einem Dasein *zwang*, das seine wertvollen Keime entwickelte, die alle erstickt wären, wenn nicht die Neurose mit eisernem Griff ihn an den Platz gestellt hätte, wo er hingehörte. Es gibt eben Menschen, die den Sinn ihres Lebens, ihre eigentliche Bedeutung im Unbewussten haben, und im Bewusstsein all das, was ihnen Verführung und Abweg ist. Bei anderen ist es wieder umgekehrt. Bei diesen hat denn auch die Neurose eine andere Bedeutung. In solchen Fällen ist eine weitgehende Reduktion am Platze, in den ersten Fällen aber eben gerade nicht.

Der Leser wird jetzt zwar geneigt sein, die Möglichkeit einer solchen Bedeutung der Neurose in gewissen Fällen zuzugeben, aber doch bereit, eine solche weitausgreifende und sinnvolle Zweckmäßigkeit dieser Krankheit in allen banalen Alltagsfällen zu leugnen. Was zum Beispiel soll die Neurose Wertvolles enthalten in dem oben erwähnten Falle von Asthma und hysterischen Angstzuständen? Ich gestehe: Hier liegt der Wert nicht auf der Hand, besonders nicht, wenn man den Fall vom Standpunkt einer reduktiven Theorie aus ansieht, d.h. also vom Standpunkt der Schattenseite einer Individualentwicklung aus. GW 7, § 68 f.

Man kann ja auch nicht sagen, dass Leiden ein Mangel an Freude ist, denn Letzterer bedeutet höchstens Langeweile, die noch lange kein positives Leiden darstellt.
Briefe II, S. 508

Aus dem Leiden der Seele [...] geht alle geistige Schöpfung hervor und jeglicher Fortschritt des geistigen Menschen. GW 11, § 497

VOM HEILEN UND HEILWERDEN

Heilen heißt ganz machen.

Traumanalyse, S. 158

Viel heilende Kraft liegt im Menschen selbst

Selbstverständlich kann es ohne Leiden kein Glück geben. Der deutsche Philosoph Schopenhauer sagte, Glück sei nur das Ende des Leidens. Das ist eine etwas negative Definition. Insofern Leiden ein sehr realer Zustand ist, muss Glück ebenso real sein. Aber bedauerlicherweise können die beiden nicht ohneeinander bestehen. Sie sind so eng verbunden, dass Glück leicht in Leiden umschlägt, wie umgekehrt intensivstes Leiden eine Art übermenschlichen Glücksgefühls hervorrufen kann. Sie bilden ein dem Leben unerlässliches Gegensatzpaar.

Briefe I, S. 313

So enthalten die Tiefen, die Schichten äußerster Unbewusstheit, [...] zugleich den Schlüssel zur individuellen Ganzheit, mit anderen Worten, zur Heilung. Die Bedeutung von „ganz“ oder „Ganzheit“ liegt im Heiligmachen oder Heilen (englisch: whole = holy, healing). Der Abstieg in die Tiefe führte zur Heilung. Er ist der Weg zum ganzen Sein, zum Schatz, den die leidende Menschheit dauernd sucht, und der an einem von etwas furchtbar Gefährlichem bewachten Ort verborgen ist. Es ist der Ort ursprünglicher Unbewusstheit und zu gleicher Zeit der Ort des Heils und der Erlösung, weil er das Juwel der Ganzheit enthält. Er ist die Höhle, in der der Drache des Chaos haust, und auch die unzerstörbare Stadt, der magische Kreis oder temenos, der heilige Bezirk, in dem alle abgespaltenen Teile der Persönlichkeit vereinigt werden können.

GW 18/I, § 270

Nur wer *bewusst* zur Macht der ihm entgegentretenden inneren Bestimmung Ja sagen kann, wird zur Persönlichkeit; wer ihr aber unterliegt, verfällt dem blinden Ablauf des Geschehens und wird vernichtet.

GW 17, § 308

Ich wollte die Heilungsvorgänge aus der Persönlichkeit des Patienten selber entwickeln und nicht aus meinen Suggestionen und deren nur vorübergehenden Wirkungen. Ich wollte die Würde und Freiheit meines Patienten schützen und erhalten, sodass er sein Leben aus eigenem Willensantrieb leben konnte. GW 18/I, § 492

Der Mensch ist krank, die Krankheit aber ist der Versuch der Natur, ihn zu heilen. GW 10, § 361

Wo die Natur nicht mithilft, arbeitet der Arzt umsonst. GW 18/II, §1575

Wenn der Patient sich früher an seine Intellektwelt klammerte und sich mit Vernünftelei gegen das, was er für seine Krankheit hielt, verteidigte, so muss er sich jetzt ihr eben gerade hingeben, und wenn ihn eine Depression befällt, so darf er sich nicht mehr zu einer Arbeit oder etwas Ähnlichem zwingen, um zu vergessen, sondern er muss seine Depression annehmen und ihr gewissermaßen das Wort überlassen.

Das ist nun gerade das Gegenteil von dem Sichgehen-Lassen in einer Laune, was für die Neurose so charakteristisch ist; es ist keine Schwäche, kein haltloses Nachgeben, sondern eine schwierige Leistung, die darin besteht, dass man trotz der Verführung der Laune seine Objektivität behält und die Laune zu seinem Objekt macht, statt sie zum dominierenden Subjekt werden zu lassen. Er muss versuchen, seine Stimmung zu sich sprechen zu lassen; seine Laune muss ihm sagen, wie sie aussieht und in was für einer fantastischen Analogie sie sich ausdrücken ließe. GW 7, §347 f.

Die Widerstände des Patienten können wertvolle Wegweiser im Zweifelsfalle sein. Ich bin geneigt, tiefsitzende Widerstände zunächst ernst zu nehmen – so paradox dies auch klingen mag. Ich bin nämlich der Überzeugung, dass der Arzt es nicht notwendigerweise besser weiß als der Patient, resp. dessen seelische Beschaffenheit, die ihm selber ja ganz unbewusst sein kann. Diese Bescheidenheit des Arztes ist durchaus angebracht angesichts der Tatsache, dass es bis jetzt nicht nur keine allgemein gültige Psychologie, sondern auch, dass es überdies unbekannt viele Temperamente und mehr oder weniger individuelle Psychen gibt, die in kein Schema passen wollen. GW 16, §76

Man spricht in der Literatur so viel vom Widerstand des Patienten, dass es beinahe aussieht, als wolle man ihm etwas aufnötigen, während das Heilende doch aus ihm natürlich wachsen sollte. – Die Psychotherapie und die Analysen sind so verschieden wie die menschlichen Individuen. Ich behandle jeden Patienten so individuell wie möglich, denn die Lösung des Problems ist stets eine individuelle. Allgemeingültige Regeln lassen sich nur cum grano salis aufstellen. Eine psychologische Wahrheit ist nur dann gültig, wenn man sie auch umkehren kann. Eine Lösung, die für mich nicht infrage käme, kann für jemand anderen gerade die richtige sein. Erinnerungen, S. 152

Die Neurosen junger Leute entstehen in der Regel aus einem Zusammenstoß zwischen den Mächten der Realität und einer ungenügenden, infantilen Einstellung, welche kausal durch eine abnorme Abhängigkeit von den realen oder imaginären Eltern, final durch unzulängliche Fiktionen, d.h. Zweckabsichten und Strebungen charakterisiert ist. Hier sind Freud'sche oder Adler'sche Reduktionen durchaus am Platz. Es gibt aber viele Neurosen, die erst in einem reiferen Alter entstehen oder in einem solchen Maße sich verschlimmern, dass die Patienten zum Beispiel berufsunfähig werden. Natürlich kann man in solchen Fällen nachweisen, dass bereits in der Jugend eine ungewöhnliche Abhängigkeit von den Eltern bestand und dass alle möglichen infantilen Illusionen vorhanden waren, was aber alles zusammen die Leute doch nicht hinderte, einen Beruf zu ergreifen, ihn erfolgreich auszuüben, zu heiraten und schlecht und recht eine Ehe zu führen bis zu dem Moment im reiferen Alter, wo die bisherige Einstellung plötzlich versagt. In einem solchen Fall nützt es natürlich wenig, die Kindheitsfantasien, die Abhängigkeit von den Eltern usw. bewusst zu machen, obschon dies ein notwendiger Teil der Prozedur ist und oft soweit nicht ungünstig wirkt. Aber im Grunde genommen fängt die Therapie in einem solchen Fall erst dann wirklich an, wenn der Patient sieht, dass es nicht mehr Vater und Mutter sind, die ihm im Wege stehen, sondern er selbst, d.h. ein unbewusster Teil seiner Persönlichkeit, der die Rolle von Vater und Mutter weiterführt. Auch diese Erkenntnis, so nützlich sie ist, ist noch negativ, d.h. sie besagt nur: „Ich erkenne, dass es nicht Vater und Mutter sind, die gegen mich stehen, sondern ich selber." Aber wer ist es in ihm, der ihm entgegensteht? Was ist dieser mysteriöse Teil seiner Persönlichkeit, der sich hinter den Bildern von Vater und Mutter versteckt hat und ihn so lange glauben ließ, der Grund seines Übels müsse irgendeinmal von außen in ihn hineingefahren sein? Dieser Teil ist das Gegenstück zu seiner bewussten Einstellung, welches ihm keine Ruhe lässt und so lange störend wirkt, bis es angenommen ist. GW 7, §88

Niemand wird bewusst ohne Leiden.

Traumanalyse, S. 273

Nicht, wie man eine Neurose loswird, hat der Kranke zu lernen, sondern wie man sie trägt. GW 10, §360

Im Fall der Auseinandersetzung [mit dem Leiden] handelt es sich um etwas anderes als Deutung: Es handelt sich um ein Auslösen unbewusster Vorgänge, die in Form von Fantasien in das Bewusstsein treten. Man kann sich im Deuten dieser Fantasien versuchen. Es mag für viele Fälle auch ganz wesentlich sein, dass der Patient eine Ahnung hat von der Bedeutung der hervorgebrachten Fantasien. Es ist aber von ausschlaggebender Wichtigkeit, dass der Patient die Fantasien vollständig erlebt und sie, insofern ein intellektuelles Verstehen zur Totalität des Erlebnisses gehört, auch versteht. Aber dem Verstehen möchte ich nicht den Vorrang einräumen. Der Arzt muss natürlich dem Patienten zum Verständnis behilflich sein können, er wird und kann aber nicht alles verstehen und sollte sich vor Deutungskünsten tunlichst in Acht nehmen. Denn das Wesentliche in erster Linie ist nicht die Deutung und das Verstehen der Fantasien, sondern vielmehr ihr *Erleben*. GW 7, § 342

Die medizinische Psychologie der Gegenwart denkt in Bezug auf „Fantasmata“ allerdings etwas anders. Sie weiß, was für erhebliche körperliche Funktionsstörungen einerseits und was für verheerende psychische Folgen andererseits aus „bloßen“ Fantasien hervorgehen. „Fantasien“ sind die natürlichen Lebensäußerungen des Unbewussten. Da das Unbewusste aber die Psyche aller autonomen Funktionskomplexe des Körpers ist, so sind seine „Fantasien“ von einer ätiologischen Bedeutung, die keinesfalls zu unterschätzen ist.

Aus der Psychopathologie des Individuationsprozesses wissen wir, dass die Symbolbildung häufig mit psychogenen körperlichen Störungen, die sich gegebenenfalls als sehr „wirklich“ anfühlen, verknüpft ist. Fantasien sind im ärztlichen Gebiet reale Dinge, mit denen der Psychotherapeut ernsthaft zu rechnen hat. Er kann daher jenen primitiven Phantasmata, welche ihren Gehalt eben um seiner Wirklichkeit willen sogar in die äußere Welt projizieren, nicht alle Berechtigung aberkennen. Schließlich ist ja auch der menschliche Körper aus dem Stoff der Welt gemacht, und an solchem Stoffe werden die Fantasien offenbar; ja, ohne diesen sind sie überhaupt unerfahrbar. Sie wären ohne Stoff etwa wie abstrakte Kristallgitter in einer Mutterlauge, in welcher der Kristallisationsprozess noch nicht eingesetzt hat. GW 9/I, § 290

Man soll einen Patienten nicht einfach wie ein untergeordnetes Wesen betrachten, das man auf ein Sofa legt, während man sich wie ein Gott dahintersetzt und ab und zu ein Wort von sich gibt. Man soll auch alles vermeiden, was eine Krankheitssuggestion sein könnte. Der Patient tendiert ohnedies in diese Richtung und möchte sich gerne in die Krankheit flüchten: „... jetzt gibt man auf, jetzt muss ich mich nur noch hinlegen, jetzt bin ich krank und fertig ...“ Krankheit ist ja auch eine Art von Lösung, mit den Lebensproblemen fertigzuwerden: „Ich bin jetzt krank, jetzt muss der Doktor helfen!“ Als Therapeut darf ich nicht naiv sein. Man muss den Patienten, wenn er nicht tatsächlich ins Bett gehört, wie einen normalen Menschen – man möchte sagen: wie einen Partner betrachten. Das gibt die gesunde Basis, von der die Behandlung ausgehen kann. GW 10, § 881

Nur das, was einer wirklich ist, hat heilende Kraft.

GW 7, § 258

Ich vertraue darauf, dass in jedem Menschen ein Lebenswille am Werk ist, der ihm hilft, das zu wählen, was ihm entspricht. Wenn ich jemanden behandle, muss ich außerordentlich aufpassen, dass ich ihn nicht mit meinen Anschauungen oder meiner Persönlichkeit überrenne, denn er muss während seines ganzen Lebens seinen einsamen Kampf kämpfen, und er muss fähig sein, seinem vielleicht sehr unvollständigen Rüstzeug und seinem vielleicht sehr unvollkommenen Ziel zu vertrauen. Wenn ich sage: „Das ist nicht gut und sollte besser sein", dann entmutige ich ihn. Er muss sein Feld mit einem Pflug pflügen, der vielleicht nicht gut ist; meiner ist vielleicht besser, aber was nützt er ihm? Er besitzt meinen Pflug nicht, sondern ich besitze ihn, und er kann ihn sich nicht ausleihen; er muss seine vielleicht sehr unvollständigen Werkzeuge benützen und mit seinen eigenen ererbten Fähigkeiten arbeiten, was immer die sein mögen.

GW 18/I, § 293

Ich habe mich mit dem Gebiet der Tiefenpsychologie nur als Empiriker und niemals als Philosoph beschäftigt, und vor allem kann ich mich nicht rühmen, mich je in der Formulierung ethischer Grundsätze versucht zu haben. Meine Berufsarbeit hätte mir dazu allerdings reichlich Anlass geboten; sind es doch hauptsächlich Gewissenskonflikte, welche der Neurosenbildung zu Gevatter stehen, und schwierige moralische Probleme, deren Beantwortung vom Heilungsvorgang gefordert wird. Der Arzt ist dabei in der höchst unvorteilhaften Lage, dass ihn nämlich seine spezifische Erfahrung längstens schon und oft schmerzlich genug von der relativen Unwirksamkeit gepredigter moralischer Grundsätze belehrt hat, und er daher auf alle Ratschläge und Ermahnungen, die mit „Sollen“ und „Müssen“ beginnen, verzichten muss. Dazu kommt noch, dass mit zunehmender Erfahrung und Erkenntnis seelischer Zusammenhänge die Überzeugung, im einzelnen Fall genau zu wissen, was gut und was böse ist, abnimmt. Unser Gegenüber, der andere Mensch, ist ja wirklich ein anderer, sogar ein zutiefst Fremder, wenn die Diskussion beim Eigentlichen, nämlich seiner einzigartigen Individualität, endlich anlangt. Was ist dann „gut“? Gut für ihn? Gut für mich? Gut für seine Angehörigen? Gut für die Gesellschaft?

GW 18/II, §1408

Wenn wir nämlich mit Ausdauer und Konsequenz den Weg der natürlichen Entwicklung verfolgen, so gelangen wir zur Erfahrung des Selbst und des einfachen Soseins.

GW 16, §221

Man ist als Arzt in einer peinlichen Lage, denn man kann mit dem Wörtchen „sollte“ leider gar nichts anfangen. Wir können von unseren Patienten keinen Glauben verlangen, den sie ablehnen, weil sie ihn nicht verstehen, oder der ihnen nicht zusagt, auch wenn wir ihn selber hätten. Wir sind auf die Heilungsmöglichkeiten angewiesen, welche in der Natur des Kranken vorhanden sind, gleichgültig ob die daraus hervorgehenden Anschauungen mit irgendwelchen bekannten Konfessionen oder Philosophien übereinstimmen oder nicht. GW 18/II, § 1512

Aber ich insistiere nie, wenn jemand nicht gewillt ist, den eigenen Weg zu gehen und die Verantwortung mit zu übernehmen. Ich bin nicht bereit zu der billigen Annahme, dass es sich um „nichts als" gewöhnliche Widerstände handle. Widerstände – namentlich, wenn sie hartnäckig sind – verdienen Beachtung, weil sie oft so viel wie Warnungen bedeuten, die nicht übersehen sein wollen. Das Heilende kann ein Gift sein, das nicht jedermann erträgt, oder eine Operation, die tödlich wirkt, wenn sie kontraindiziert ist.

Wenn es um das innere Erleben geht, um das Allerpersönlichste, dann wird es den meisten Menschen unheimlich, und viele laufen davon.

Erinnerungen, S. 162 f.

Man sollte nicht suchen, wie man die Neurose erledigen kann, sondern man sollte in Erfahrung bringen, was sie meint, was sie lehrt und was ihr Sinn und Zweck ist. Ja, man sollte lernen, ihr dankbar zu werden, sonst hat man sie verpasst und damit die Möglichkeit verloren, mit dem, was man wirklich ist, bekannt zu werden. Eine Neurose ist dann wirklich „erledigt", wenn sie das falsch eingestellte Ich erledigt hat. *Nicht sie wird geheilt, sondern sie heilt uns.* Der

Mensch ist krank, die Krankheit aber ist der Versuch der Natur, ihn zu heilen. Wir können also aus der Krankheit selber sehr viel für unsere Gesundung lernen, und was dem Neurotiker als absolut verwerflich erscheint, darin liegt das wahre Gold, das wir sonst nirgends gefunden haben. GW 10, § 361

Es gehört [...] zum regressiven Wesen des Neurotikers, und er hat es auch im Laufe seiner Krankheit gelernt, sich selber oder die Welt nicht ernst zu nehmen und sich immer darauf zu verlassen, dass dieser oder jener Arzt, diese oder jene Methode, diese oder jene Umstände ihn heilen würden, ganz abgesehen von seiner ernsthaften Mithilfe. Dem Pudel wird aber der Pelz nass, wenn er gewaschen wird. Ohne die restlose Bereitwilligkeit und absolute Ernsthaftigkeit des Patienten kommt keine Heilung zustande. Es gibt keine magischen Neurosenheilungen. Im Moment, wo wir anfangen, die symbolisch vorgezeichneten Wege auszuarbeiten, hat der Patient sie auch zu beschreiten. Drückt er sich betrügerisch darum herum, so ist der Heilerfolg ausgeschlossen. Er hat das, was er als seine individuelle Lebenslinie gesehen und anerkannt hat, auch wahrhaft zu leben, und zwar so lange, bis eine deutliche Reaktion seines Unbewussten vorliegt, welche zeigt, dass er anfängt, in guten Treuen einen falschen Weg zu gehen.

Wer diese moralische Funktion, die Treue zu sich selbst, nicht besitzt, wird seine Neurose nie loswerden. Wer aber diese Treue besitzt, der kann den Weg aus der Neurose finden.

Es dürfen sich aber weder Arzt noch Patient der Täuschung hingeben, dass das „Analysieren" an sich genüge, um eine Neurose zu beseitigen. Das wäre Täuschung und Selbsttäuschung. Am Schlusse ist es unfehlbar die moralische Tatsache, welche zwischen Gesundheit und Krankheit entscheidet. GW 7, § 497 ff.

Wir kommen zu einer psychologischen Entwicklung nur dadurch, dass wir uns selbst so annehmen, wie wir sind, und das Leben, das uns anvertraut ist, ernsthaft zu leben versuchen. GW 18/I, § 291

Wenn man von Trieben spricht, so meint man, damit etwas Bekanntes auszudrücken. In Wirklichkeit spricht man von etwas Unbekanntem. In Wirklichkeit wissen wir nur, dass uns aus der dunklen Sphäre der Psyche Wirkungen zukommen, welche irgendwie ins Bewusstsein aufgenommen werden müssen, damit verheerende Störungen anderer Funktionen vermieden werden. Es ist ohne Weiteres ganz unmöglich zu sagen, von welcher Natur diese Wirkungen sind, ob sie auf Sexualität, auf Machttrieb oder sonstigen Trieben beruhen. Sie sind schlechthin zwei- oder sogar vieldeutig wie das Unbewusste selber. GW 8, § 708

Es war in der Zeit, als ich die Forel'sche Klinik für hypnotische und suggestive Behandlung leitete, vor dem Ersten Weltkrieg. Als ich ihr [der Patientin] sagte, dass ich sie hypnotisieren werde, fiel sie ohne mein Zutun in einen hypnotischen Somnambulismus, aus dem ich sie nur mit Mühe wiedererwecken konnte. Als sie zu sich kam, sprang sie auf und rief: „Ich bin geheilt!" Als ihre Begleiterin ihr die Krücken reichen wollte, wies sie sie zurück und marschierte ohne Stütze beglückt nach Hause. Meine Studenten waren von dem „Wunder" tief beeindruckt. Die Grundlage der Heilung war, dass sie einen Sohn hatte, auf den sie alle ihre ehrgeizigen Hoffnungen konzentrierte, der aber geisteskrank geworden war und sich sogar in der Klinik auf meiner Abteilung befand, was ich nicht wusste, da sie inzwischen wieder geheiratet hatte und einen anderen Namen trug. Sie hatte in mir den erfolgreichen Sohn entdeckt und eine dementsprechende Übertragung auf mich gemacht. Briefe III, S. 244

Für das objektive Verständnis seiner Krankheit und für das Schaffen einer menschlichen Beziehung ist Wissen notwendig – und zwar nicht nur rein medizinisches Wissen, das ein begrenztes Gebiet betrifft, sondern eine umfassende Kenntnis aller Aspekte der menschlichen Seele. Die Behandlung muss mehr erreichen als nur die Auflösung der alten krankhaften Einstellung; sie muss zu einer neuen Einstellung führen, die gesund und lebensfähig ist. Dazu ist oft eine fundamentale Änderung der Lebensauffassung notwendig. Der Patient soll nicht nur fähig sein, Ursache und Ursprung seiner Neurose zu erkennen, er muss auch das Ziel sehen, dem er zustrebt. Das Krankhafte kann nicht einfach wie ein Fremdkörper beseitigt werden, ohne dass man Gefahr läuft, zugleich etwas Wesentliches, das auch leben sollte, zu zerstören. Unsere Aufgabe besteht nicht darin, es zu vernichten, sondern wir sollten vielmehr das, was wachsen will, hegen und pflegen, bis es schließlich seine Rolle in der Ganzheit der Seele spielen kann GW 16, § 293

Die menschliche Psyche ist etwas ungeheuer Zweideutiges. In jedem einzelnen Fall muss man sich die Frage vorlegen, ob eine Einstellung oder ein sog. Habitus eigentlich sei oder vielleicht bloß eine Kompensation des Gegenteils. Ich muss gestehen, dass ich mich in dieser Hinsicht so oft getäuscht habe, dass ich im konkreten Fall von allen theoretischen Voraussetzungen über die Struktur der Neurose und über das Können und Sollen des Patienten möglichst absehe. Ich lasse so viel wie möglich die reine Erfahrung über die therapeutischen Ziele entscheiden. Das mag vielleicht befremdlich erscheinen, denn vom Therapeuten wird doch gemeiniglich vorausgesetzt, dass er ein Ziel habe. In der Psychotherapie scheint es mir geradezu ratsam, wenn der Arzt kein zu sicheres Ziel hat. Er kann es wohl kaum besser wissen als die Natur und als der Lebenswille des Kranken. Die großen Entscheidungen des menschlichen Lebens sind ja in der Regel viel mehr den Instinkten und sonstigen geheimnisvollen, unbewussten Faktoren unterworfen als bewusster Willkür und wohlmeinender Vernünftigkeit. Der Schuh, der dem einen passt, drückt den anderen, und es gibt kein allgemeingültiges Lebensrezept. Jeder hat wohl seine Lebensform in sich, eine irrationale Form, die durch keine andere überboten werden kann.

Das alles hindert natürlich nicht, dass man mit Normalisieren und Rationalisieren zunächst so weit geht wie möglich. Ist der therapeutische Erfolg genügend, so kann man es wohl dabei bewenden lassen.

GW 16, § 81 f.

In keinem Fall werden Konflikte durch geschickte Tricks oder intelligente Lügen gelöst, sondern dadurch, dass man sie aushält. Sie müssen sozusagen erhitzt werden, bis die Spannung unerträglich wird; dann verschmelzen die Gegensätze langsam miteinander. Es ist eine Art alchemistischer Prozedur, aber keine rationale Wahl und Entscheidung. Leiden ist der unerlässliche Teil. Jede wirkliche Lösung wird nur durch intensives Leiden gefunden. Leiden zeigt an, bis zu welchem Grad wir uns unerträglich sind. „Verständige dich mit deinem Feind", außen und innen! Das ist das Problem! Briefe I, S. 297 f.

Die in der Analyse gewonnene Neueinstellung pflegt nach längerer oder kürzerer Zeit in irgendeiner Hinsicht ungenügend zu werden, und zwar notwendigerweise so infolge des beständigen Flusses des Lebens, das immer erneute Anpassung verlangt; denn keine Anpassung ist ein für alle Mal geleistet. Man könnte allerdings die Forderung erheben, die Behandlungsmethode müsse so beschaffen sein, dass Neuorientierungen ohne Schwierigkeiten auch im späteren Leben geleistet werden könnten. Wie die Erfahrung lehrt, ist dies auch bis zu einem gewissen Grade der Fall. Wir sehen es oft, dass solche Patienten, die durch eine gründliche Analyse gegangen sind, bei späteren Neuadjustierungen bedeutend geringere Schwierigkeiten haben. Aber immerhin sind diese Schwierigkeiten doch ziemlich häufig und zuweilen recht lästig. Daher kommt es, dass auch diejenigen Patienten, die eine gründliche Behandlung erfahren haben, später sich öfters wieder an ihren früheren Arzt wenden, um Hilfe zu erbitten. GW 8, §143

Im Gegenteil: Ich glaube, dass Leiden ein wesentlicher Bestandteil des menschlichen Lebens ist, ohne den wir niemals irgendetwas tun würden. Immer versuchen wir, dem Leiden auszuweichen. Wir tun das auf millionenfache Weise, aber nie gelingt es ganz. Deshalb bin ich zum Schluss gekommen, dass man tunlichst versuchen sollte, wenigstens einen Weg zu finden, der es den Menschen ermöglicht, das unausweichliche Leiden zu tragen, welches das Los einer jeden menschlichen Existenz ist. Wenn es jemand wenigstens erreicht, Leiden zu ertragen, hat er schon eine fast übermenschliche Aufgabe erfüllt. Das kann ihm ein gewisses Maß an Glück oder Befriedigung gewähren. Wenn Sie das als Glück bezeichnen, hätte ich nicht viel dagegen einzuwenden. Briefe I, S. 299

Psychotherapie und Analyse

Es existiert ein allgemein verbreitetes Vorurteil, das die Analyse als etwas wie eine „Kur“ auffasst, die man eine Zeit lang über sich ergehen lässt, um dann daraus geheilt entlassen zu werden. Das ist ein laienhafter Irrtum, der noch aus den Anfangszeiten der Psychoanalyse stammt. Die analytische Behandlung kann zwar als eine mithilfe des Arztes vollzogene Neuadjustierung der psychologischen Einstellung betrachtet werden. Selbstverständlich kann diese neu gewonnene und den inneren und äußeren Bedingungen besser entsprechende Einstellung auf geraume Zeit vorhalten, aber es gibt nur sehr wenige Fälle, wo eine einmalige „Kur“ einen derartigen Dauererfolg hat. Der ärztliche Optimismus, der bekanntlich noch zu keiner Zeit mit Reklame gekargt hat, weiß zwar immer von definitiven Heilungen zu berichten. Man darf sich aber durch das Menschlich-Allzumenschliche des Praktikus nicht verblüffen lassen, sondern muss sich stets die Tatsache vor Augen halten, dass das Leben des Unbewussten weitergeht und immer wieder problematische Situationen erzeugt.

GW 8, § 142

Die Behauptung, dass die Analyse die Leute verrückt mache, ist natürlich ebenso dumm wie die verbreitete Idee, dass der Irrenarzt durch die Beschäftigung mit Geisteskranken notwendigerweise verrückt werden müsse. GW 7, § 193

Naivität ist in der Psychotherapie nicht angebracht. Der Arzt muss sich wie der Erzieher stets die Möglichkeit vor Augen halten, dass er bewusst oder unbewusst getäuscht wird, und zwar nicht nur von seinen Patienten, sondern in erster Linie von sich selber. Die Neigung, in Illusionen zu leben und an eine Fiktion von sich selber zu glauben – im guten oder im bösen Sinne –, ist fast unüberwindlich groß. Der Neurotiker ist ein Mensch, welcher der Illusion zum Opfer fällt. Wer aber getäuscht wird, täuscht selber. Alles kann zur Tarnung und zum Schleichweg dienen. Der Psychotherapeut muss wissen, dass er, sofern er an eine Theorie und an eine bestimmte Methode glaubt, bestimmt von gewissen Fällen an der Nase herumgeführt werden wird, nämlich von solchen, die geschickt genug sind, sich hinter den Prunkstücken der Theorie ein sicheres Versteck auszuwählen und die die Methode dazu verwenden, das Versteck unauffindbar zu machen. GW 17, § 202

Ich muss gestehen, dass ich mich in dieser Hinsicht so oft getäuscht habe, dass ich im konkreten Fall von allen theoretischen Voraussetzungen über die Struktur der Neurose und über das Können und Sollen des Patienten möglichst absehe. Ich lasse so viel wie möglich die reine Erfahrung über die therapeutischen Ziele entscheiden. Das mag vielleicht befremdlich erscheinen, denn vom Therapeuten wird doch gemeiniglich vorausgesetzt, dass er ein Ziel habe. In der Psychotherapie scheint es mir geradezu ratsam, wenn der Arzt kein zu sicheres Ziel hat. Er kann es wohl kaum besser wissen als die Natur und als der Lebenswille des Kranken.

GW 16, § 81

Im Begriff „Psychotherapie", in welchem Umfang man ihn auch deuten möge, liegt ein großer Anspruch: Ist doch die Seele die Mutterstätte alles Handelns und damit alles von Menschen gewollten Geschehens! Es wäre nicht bloß schwer, sondern geradezu unmöglich, ein beliebig begrenztes Stückchen aus dem unendlich weiten Lebensgebiet der Seele herauszuschneiden und zum Privatspielplatz einer sogenannten Psychotherapie zu erklären. GW 16, § 212

Als Grundregel für den Psychotherapeuten sollte gelten, dass jeder Fall als neu und einzigartig zu betrachten sei. Damit kommt man der Wahrheit wohl am nächsten. GW 10, § 358

Indem Psychotherapie den Anspruch erhebt, eine Heilmethode zu sein, muss sie in ihrer Zielsetzung auch die Notwendigkeit anerkennen, die verminderte Anpassung, als welche jeder krankhafte Zustand anzusprechen ist, in eine normale Anpassung zu verwandeln. Die Angepasstheit eines psychischen Systems bezieht sich aber auf die jeweilige Zeitlage und Umweltbedingung und ist daher nicht für immer und ewig festgelegt. Die Angepasstheit ist kein dauernder und allgemeingültiger Zustand, der, einmal erreicht, für immer festgehalten werden kann, sondern sie ist ein stetig fortschreitender Vorgang, welcher die ebenso stetige Beobachtung des Wechsels der äußeren und inneren Gegebenheiten zur unerlässlichen Voraussetzung hat. Ein Heilsystem, welches dabei die weltbewegenden „représentations collectives" politischer, ökonomischer, philosophischer und religiöser Natur außer Acht lässt oder gar deren gründliche Anerkennung als bestehender Mächte geflissentlich übersieht, verdient wohl schwerlich den Namen einer Therapie. Es ist vielmehr ein Abweg in eine krankhaft verbohrte Protesteinstellung, die alles andere, nur nicht angepasst ist. Angepasstheit als Kriterium der Heilung ist unbedingt erforderlich, obschon sie nicht das einzige Kriterium darstellt.

GW 10, § 1043

Jeder Psychotherapeut hat nicht nur seine Methode: *Er selber ist sie.* „Ars totum requirit hominem" [Diese Kunst erfordert den Menschen mit Leib und Seele], sagt ein alter Meister. Der große Heilfaktor der Psychotherapie ist die Persönlichkeit des Arztes, die nicht a priori gegeben ist, sondern eine Höchstleistung darstellt, aber nicht ein doktrinäres Schema. Theorien sind unvermeidlich, aber bloße Hilfsmittel. Sobald ein Dogma daraus gemacht wird, so soll damit ein innerer Zweifel erstickt werden. Es braucht sehr viele theoretische Gesichtspunkte, um ein annäherndes Bild der seelischen Mannigfaltigkeit zu erzeugen. Es ist darum ganz verkehrt, wenn man der Psychotherapie vorwirft, sie könne sich nicht einmal über ihre eigenen Theorien einigen. Einigung könnte nur Einseitigkeit und Verödung bedeuten. Die Psyche kann man ebenso wenig wie die Welt in eine Theorie einfangen. Theorien sind keine Glaubensartikel, sondern bestenfalls Instrumente der Erkenntnis und der Therapie, oder dann taugen sie überhaupt zu nichts. GW 16, § 198

Man kann auf alle möglichen Arten Psychotherapie treiben, von Psychoanalyse oder etwas dergleichen bis zu Hypnotismus und hinunter bis zu Honig äußerlich und Taubenmist innerlich. Mit alldem lassen sich eventuell Erfolge erzielen. So wenigstens scheint es bei oberflächlicher Betrachtung. Sieht man genauer zu, so versteht man, dass nicht bei dieser *Neurose,* sondern bei diesem *Menschen* das vielleicht an sich absurde Heilmittel eben gerade das Richtige war, während es bei einem anderen Menschen das Allerverkehrteste gewesen wäre. Gewiß weiß auch die allgemeine Medizin, dass es nicht nur Krankheiten, sondern kranke Menschen gibt, aber die Psychotherapie vor allem weiß es – oder sollte es schon längst wissen –, dass ihr Objekt nicht die Fiktion der Neurose, sondern die gestörte Ganzheit eines Menschen ist.

GW 16, § 199

Ein unkritisches und dilettantisches Spiel mit psychotherapeutischen Methoden ist darum ein Spiel mit dem Feuer, von dem man dringend abraten muss. Besonders gefährlich wird die Sache, wenn die mythologische Sicht der Psyche freigelegt wird, denn diese Inhalte üben in der Regel eine erstaunliche Faszination auf den Patienten aus, eine Wirkung, welche den gewaltigen Einfluss mythischer Vorstellungen auf die Menschheit begreiflich macht.

Es scheint nun, als ob der Gesundungsprozess diese Kräfte zu seinen Zwecken mobilisierte. Die mythischen Vorstellungen nämlich mit ihrer eigentümlichen Symbolik greifen in die Tiefe der menschlichen Seele, in historische Untergründe, wohin unsere Vernunft, der Wille und die gute Absicht nie gelangen, denn sie stammen auch aus jenen Tiefen und sprechen eine Sprache, welche unsere heutige Vernunft zwar nicht versteht, die aber sozusagen das Innerste des Menschen in Schwingung versetzt. Was uns also zunächst als Regression erschrecken könnte, ist vielmehr ein „reculer pour mieux sauter", eine Sammlung und Integration der Kräfte, welche im Laufe der Entwicklung eine neue Ordnung bewirken. GW 16, § 18 f.

Die therapeutische Grundfrage ist nicht bloß die, wie die momentane Schwierigkeit wegzuräumen wäre, sondern wie zukünftigen Schwierigkeiten mit Erfolg begegnet werden könnte. Die Frage ist: Was für eine geistig-moralische Einstellung gegenüber den Störungseinflüssen des Unbewussten ist notwendig, und wie kann sie dem Patienten vermittelt werden?

GW 8, §144

Der entscheidende Punkt ist, dass ich als Mensch einem anderen Menschen gegenüberstehe. Die Analyse ist ein Dialog, zu dem zwei Partner gehören. Analytiker und Patient sitzen einander gegenüber – Aug in Auge. Der Arzt hat etwas zu sagen, aber der Patient auch.

Erinnerungen, S. 152

Von der Persönlichkeit und den Aufgaben des Arztes

Die Persönlichkeit des Kranken fordert die Persönlichkeit des Arztes auf den Plan und nicht technische Kunstgriffe. **GW 10, § 338**

Innerhalb meiner ersten Monate [als junger Arzt] an der Klinik [= Burghölzli in Zürich] wurde mir klar, dass, was mir fehlte, eine *wirkliche Psychopathologie* war, eine Wissenschaft, die zeigte, was bei einer Psychose im Geiste vorgeht. Ich konnte mich nie mit der Vorstellung zufriedengeben, dass alles, was die Patienten hervorbrachten, insbesondere die Schizophrenen, Unsinn und chaotisches Kauderwelsch war. Im Gegenteil, ich überzeugte mich bald, dass ihre Produktionen etwas bedeuteten, das man verstehen konnte, wenn man nur in der Lage war, herauszufinden, worum es sich handelte. Im Jahre 1901 begann ich meine Assoziationsexperimente mit normalen Versuchspersonen, um eine normale Vergleichsgrundlage zu schaffen. Ich entdeckte dabei, dass die Experimente fast regelmäßig durch psychische Faktoren gestört wurden, die sich außerhalb der Kontrolle des Bewusstseins befanden.

Ich nannte sie *Komplexe.* Kaum hatte ich diese Tatsache erhärtet, als ich meine Entdeckung auch schon auf Fälle von Hysterie und Schizophrenie anwandte. Bei beiden fand ich ein übertriebenes Maß an Gestörtheit, was bedeutete, dass das Unbewusste bei diesen Erkrankungen nicht nur zum Bewusstsein in Gegensatz tritt, sondern auch eine außergewöhnliche Energieladung aufweist. GW 18/I, § 832

Man ist versucht zu denken, es sei ein verhängnisvoller Irrtum der ärztlichen Seelenheilkunde in ihren Kindheitstagen gewesen, anzunehmen, dass die Neurosen etwas Einfaches seien, das man auch aus einer einfachen Voraussetzung erklären könne. Dieser Optimismus war aber wohl nötig, denn sonst hätte vielleicht niemand den Mut gefunden, eine seelische Theorie überhaupt zu versuchen. GW 18/II, § 1775

Wie ein alttestamentlicher Prophet hat er [S. Freud] es unternommen, falsche Götter zu stürzen, den Vorhang wegzuziehen von einem Haufen von Unehrlichkeit und Heucheleien und mitleidlos die Fäulnis der zeitgenössischen Seele dem Tageslicht preiszugeben. Er hat es nicht gescheut, die Unpopularität eines solchen Unterfangens einzustecken. Der Antrieb, den er damit unserer Kultur gegeben hat, bestand in seiner Entdeckung eines Zugangs zum Unbewussten. Mit der Anerkennung des Traumes als wichtigster Informationsquelle über die Vorgänge im Unbewussten hat er einen Wert der Vergangenheit und Vergessenheit entrissen, welcher unrettbar verloren schien. Er hat empirisch das Vorhandensein einer unbewussten Psyche bewiesen, die zuvor nur als ein philosophisches Postulat existiert hatte, nämlich in der Philosophie von Carl Gustav Carus und Eduard von Hartmann.

Man kann wohl sagen, dass das heutige Kulturbewusstsein, insofern es sich philosophisch reflektiert, die Idee des Unbewussten und deren Konsequenzen noch nicht aufgenommen hat, obwohl es seit mehr als einem halben Jahrhundert damit konfrontiert ist. Die allgemeine und grundlegende Einsicht, dass unsere psychische Existenz zwei Pole hat, bleibt noch immer Aufgabe der Zukunft. Erinnerungen, S. 190

Freuds größte Leistung bestand wohl darin, dass er seine neurotischen Patienten ernst nahm und auf ihre eigentümliche und individuelle Psychologie einging. Er hatte den Mut, die Kasuistik sprechen zu lassen und auf diese Weise in die individuelle Psychologie des Kranken einzudringen. Er sah sozusagen mit den Augen des Patienten und gelangte auf diese Weise zu einem tieferen Verständnis der Krankheit, als es bis dahin möglich gewesen war. Hier besaß er Unvoreingenommenheit und Mut. Dies führte ihn dazu, eine Menge von Vorurteilen zu überwinden.

Erinnerungen, S. 190

Es ist eine Sache zum Verzweifeln, dass es in der wirklichen Psychologie keine allgemeingültigen Rezepte oder Normen gibt. Es gibt nur individuelle Fälle mit den allerverschiedensten Bedürfnissen und Ansprüchen, dermaßen verschieden, dass man im Grunde genommen nie vorher wissen kann, welchen Weg ein Fall einschlagen wird, weshalb der Arzt am besten tut, auf alle vorgefassten Meinungen zu verzichten. Das heißt aber nicht, sie über Bord zu werfen, sondern sie sind als Hypothesen möglicher Erklärung auf den Fall anzuwenden. Und dies nicht, um zu belehren oder zu überzeugen, sondern mehr, um dem Kranken zu zeigen, wie der Arzt auf seinen besonderen Fall reagiert. Denn, wie man es auch drehen und wenden mag, die Beziehung zwischen Arzt und Patient ist eine persönliche Beziehung innerhalb des unpersönlichen Rahmens der ärztlichen Behandlung. Es ist mit keinem Kunstgriff zu vermeiden, dass die Behandlung das Produkt einer gegenseitigen Beeinflussung ist, an welcher das ganze Wesen des Patienten sowohl wie das des Arztes teilhat. **GW 16, § 163**

Da es keinen Gaul gibt, der nicht zu Tode geritten werden könnte, so ist es eine missliche Sache um Neurosentheorien und Behandlungsmethoden. Ich finde es jedes Mal erheiternd, wenn geschäftstüchtige Badeärzte versichern, nach „Adler“ oder „Künkel“ oder „Freud“ oder gar nach „Jung“ zu behandeln. Derartiges gibt es nicht und kann es nicht geben, und wenn es trotzdem vorkommt, so ist man auf dem sicheren Weg zum Misserfolg. Wenn ich Herrn X behandle, so bin ich genötigt, die Methode X anzuwenden, und bei Frau Z die Methode Z. Das heißt, die Wege und Mittel der Behandlung werden vorwiegend durch die Natur des Kranken bestimmt. GW 17, § 203

Die Psychiatrie, die Seelenheilkunde, aber steht immer noch vor dem Tore und sucht vergebens nach der messenden und wägenden Methode der Naturwissenschaft. Wir wissen zwar schon längst, dass es sich um ein bestimmtes Organ, um das Gehirn, handelt, aber erst jenseits des Gehirnes, jenseits der anatomischen Grundlage, kommt das, was für uns wichtig ist, nämlich die *Seele,* jenes seit Urzeit undefinierbare Wesen, das auch dem geschicktesten Zufassen immer wieder entschlüpft. GW 3, § 320

Der Psychotherapeut sollte nicht mehr dem Wahne huldigen, dass die Neurosenbehandlung nichts erfordere als die Kenntnis einer Technik, sondern sollte sich restlos darüber klar werden, dass die seelische Behandlung eines Kranken eine *Beziehung* ist, in welcher der Arzt ebenso sehr darinsteht wie der Patient. Eine wirkliche seelische Behandlung kann nur individuell sein, weshalb auch die beste Technik nur relativen Wert besitzt. Umso höhere Bedeutung kommt aber der allgemeinen Einstellung des Arztes zu, welcher über sich selber so weit orientiert sein muss, dass er die dem ihm anvertrauten Kranken eigentümlichen Werte – worin diese immer bestehen mögen – nicht zerstört. GW 10, § 352

Der Therapeut ist nicht mehr das handelnde Subjekt, sondern ein Miterlebender eines individuellen Entwicklungsprozesses. GW 16, § 7

Ein gewissenhafter Arzt muss an allen seinen Künsten zweifeln können, sonst verfällt er dem Schema.

GW 10, § 357

Verständlicherweise ist es der Arzt, der zuerst vom Mangel oder Übel der Epoche beeindruckt wird, denn bei ihm tauchen die Opfer der zeitgenössischen Schwierigkeit zunächst auf, und er ist der Erste, der sich damit auseinanderzusetzen hat. Die Heilung der Neurose nämlich ist in letzter Linie keineswegs ein technisches, sondern ein moralisches Problem. Es gibt dabei zugegebenermaßen technische Zwischenlösungen, welche aber niemals jene ethische Haltung hervorbringen, welche man als eine wirkliche Heilung bezeichnen könnte. Jede Bewusstmachung und jeder Heilungsakt bedeutet mindestens einen Schritt auf dem Wege der fortschreitenden Individuation, nämlich der „Ganzmachung“ des Individuums. Die Integration der Persönlichkeit aber ist undenkbar ohne die verantwortliche, das heißt moralische Beziehung der Teile untereinander, wie auch die Konstitution eines Staates ohne eine derartige wechselseitige Beziehung der Glieder desselben unmöglich ist. Damit stellt sich das ethische Problem ganz von selbst, und es fällt in erster Linie dem Arzte zu, darauf eine Antwort zu geben beziehungsweise seinem Patienten zu helfen, eine solche zu finden. Diese Arbeit ist oft langwierig und schwierig. GW 18/II, § 1412

Als Arzt bin ich natürlich von diesen weltbewegenden Fragen nicht unmittelbar berührt, sondern ich habe es mit Kranken zu tun. Wenn es schon das Vorurteil der bisherigen Medizin war, man könnte und sollte die Krankheit an und für sich behandeln und heilen, so werden doch in neuester Zeit Stimmen laut, welche diese Ansicht für Irrtum erklären und nicht die Behandlung der Krankheit, sondern die des kranken Menschen befürworten. Diese selbe Forderung drängt sich uns in der Behandlung der seelischen Leiden auf. Wir wenden unseren Blick mehr und mehr von der sichtbaren Krankheit weg und richten ihn auf den ganzen Menschen, denn wir haben eingesehen, dass gerade seelische Leiden nicht lokalisierte, eng begrenzte Phänomene sind, sondern an sich Symptome einer gewissen falschen Einstellung der Gesamtpersönlichkeit. Eine gründliche Heilung kann deshalb nie von einer auf das Leiden selber beschränkten Behandlung, sondern nur von einer Behandlung der ganzen Persönlichkeit erhofft werden. GW 8, § 684

Man hat früher angenommen, dass die Patienten bereit seien, das normale Leben aufzunehmen, wenn sie selber so viel von praktischer Selbsterkenntnis gelernt hätten, um zum Beispiel imstande zu sein, ihre eigenen Träume zu verstehen. Die Erfahrung hat aber gezeigt, dass selbst die ärztlichen Analytiker, von denen man die Beherrschung der Trauminterpretation erwarten sollte, ihren eigenen Träumen gegenüber öfters kapitulieren und die Hilfe eines Kollegen in Anspruch nehmen müssen. Wenn also sogar derjenige, der die Methode fachmännisch zu beherrschen vorgibt, sich als unfähig erweist, seine eigenen Träume befriedigend zu deuten, so kann dies vom Patienten umso weniger erwartet werden. GW 8, §141

Oft kommen Leute zu mir in der Erwartung, ich würde jetzt einen medizinischen Zauber loslassen. Dann sind sie enttäuscht, wenn ich sie wie normale Menschen behandle und mich wie ein normaler Mensch benehme. Eine Patientin hatte in einem anderen Sprechzimmer nur den „schweigenden Gott" hinter ihrem Sofa erlebt. Als ich mit ihr zu sprechen begann, sagte sie erstaunt, fast entsetzt: „Aber Sie äußern ja Affekte, Sie äußern sogar Ihre Meinung!" Natürlich habe ich Affekte und zeige sie auch. Nichts ist wichtiger als dies: Man muss jeden Menschen wirklich als Menschen nehmen und darum seiner Eigenart entsprechend behandeln.

Darum sage ich zu den jungen Therapeuten: Lernen Sie das Beste, wissen Sie das Beste – und dann vergessen Sie alles, wenn Sie zu den Patienten kommen. Keiner ist doch schon dadurch ein guter Chirurg, dass er sein Lehrbuch auswendig gelernt hat. GW 10, § 881 f.

Die Wirkung, auf die ich hinziele, ist die Hervorbringung eines seelischen Zustandes, in welchem mein Patient anfängt, mit seinem Wesen zu experimentieren, wo nichts mehr für immer gegeben und hoffnungslos versteinert ist, eines Zustandes der Flüssigkeit, der Veränderung und des Werdens. Ich kann meine Technik natürlich nur im Prinzip darstellen. Diejenigen unter meinen Lesern, die zufälligerweise mit meinen Arbeiten bekannt sind, können sich die nötigen Parallelen denken. Ich möchte hier nur hervorheben, dass man mein Vorgehen nicht als ziel- und schrankenlos verstehen darf. Ich mache es mir nämlich immer zur Regel, nie über den im wirkungsvollen Moment liegenden Sinn hinauszugehen, und ich bestrebe mich bloß, diesen Sinn jeweils so völlig wie möglich dem Patienten bewusst zu machen, sodass er auch dessen überpersönlicher Beziehung gewahr wird. Wenn nämlich einem Menschen etwas zustößt, von dem er annimmt, dass etwas Derartiges nur ihm persönlich geschieht, während es in Wirklichkeit ein ganz allgemeines Erlebnis ist, so ist der Betreffende offenbar unrichtig, nämlich zu persönlich eingestellt und dadurch von der menschlichen Gemeinschaft ausgeschlossen. Gleichermaßen ist es nötig, dass wir nicht nur ein persönliches Gegenwartsbewusstsein haben, sondern auch ein überpersönliches Bewusstsein, dessen Geist historische Kontinuität fühlt. So abstrakt dies klingen mag, so ist es doch eine praktische Tatsache, dass soundso viele Neurosen in allererster Linie darauf beruhen, dass z.B. die religiösen Ansprüche der Seele infolge des kindlichen Aufklärungswahns nicht mehr wahrgenommen werden. Der Psychologe von heute sollte es endlich einmal wissen, dass es sich längstens nicht mehr um Dogmen und Glaubensbekenntnisse handelt, sondern vielmehr um religiöse Einstellung, die eine psychische Funktion von kaum absehbarer Wichtigkeit ist. Und gerade für die religiöse Funktion ist historische Kontinuität unerlässlich. GW 16, § 99

In der Tat ist die Aufstellung von ethischen Lehrsätzen nicht nur ein schwieriges Unterfangen, sondern auch darum unmöglich, weil man sich kaum einen Satz denken kann, der nicht gegebenenfalls auch umgekehrt werden müsste, um gültig zu sein. Schon der einfache Satz „Bewusstmachen ist gut" ist nur von bedingter Gültigkeit, indem man nicht selten auf Situationen stößt, wo Bewusstmachung die allerschlimmsten Folgen hätte. Ich habe es mir darum zur Regel gemacht, die sogenannte „alte Ethik" so lange als verbindlich zu betrachten, als keine Beweise für ihre Lebensschädlichkeit vorliegen. Drohen aber gefährliche Folgen, so ist man mit einem Problem erster Ordnung konfrontiert, dessen Lösung die ganze Persönlichkeit in die Schranken fordert und darum auf ein Höchstmaß an Aufmerksamkeit, Geduld und Zeit Anspruch erhebt. Eine solche Lösung ist nach meiner Erfahrung stets individuell und nur subjektiv gültig. GW 18/II, § 1413

Man nehme zum Beispiel das gewiss allgemeingültige Gebot „Du sollst nicht lügen". Was soll man aber tun, wenn man, wie das dem Arzt nicht allzu selten passiert, in einer Situation steht, wo das Aussprechen der Wahrheit oder schon das Schweigen über die Wahrheit eine Katastrophe verursacht? Will man dann nicht direkt ein Unglück verursachen, so kommt man gar nicht darum herum, aus Gründen der Vernunft, der Hilfsbereitschaft, der Nächstenliebe, des psychologischen Verständnisses, der Rücksicht auf das ganze Schicksal vielleicht mehrerer Menschen — also von mindestens ebenso starken, wenn nicht noch stärkeren ethischen Motiven bewogen – eine mit Überzeugung vorzutragende Lüge zu erfinden. Man beruhigt sich in solchen Fällen mit der Ausrede, es sei ja zu einem guten Zwecke geschehen und darum moralisch. Wer aber Einsicht hat, der weiß, dass er einerseits zu feige war, eine Katastrophe auszulösen, und dass er andererseits schamlos gelogen hat. Er hat das Böse getan, zugleich aber auch das Gute. Niemand steht jenseits von Gut und Böse, sonst befände er sich ja jenseits des Lebens überhaupt. Leben ist ein fortwährender Ausgleich von Gegensätzen wie jeder energische Ablauf. Aufhebung der Gegensätze wäre gleichbedeutend mit Tod.

GW 18/II, § 1417

Damit erreicht der Mensch in bewusstem Dasein jene Einheit und Totalität, jene Sicherheit und Aufopferungsfähigkeit, wie sie das wilde Tier unbewusst und instinktiv besitzt. Jede Reduktion, jedes Heraussspringen aus dieser fest vorgezeichneten Bahn der Kulturentwicklung macht den Menschen höchstens zu einem verkrüppelten Tier, aber niemals zu einem sogenannt natürlichen Menschen. Ich habe durch viele, viele Erfolge und Misserfolge in der analytischen Praxis mich von der unerbittlichen Richtigkeit dieser psychologischen Orientierung überzeugen lassen. Wir helfen dem Neurotiker nicht, indem wir ihn von der Kulturforderung entlassen, sondern nur dadurch, dass wir ihn zu einer tätigen Anteilnahme am schmerzvollen Werke der Kulturentwicklung bringen. Die Leiden, die er in diesem Dienst erduldet, ersetzen ihm die Neurose. Während aber die Neurose mit ihren Beschwerden niemals gefolgt ist von jenem köstlichen Gefühl getaner Arbeit und erfüllter Pflicht, bringen die Leiden im Dienste nützlicher Arbeit und in der Überwindung wirklicher Schwierigkeiten jene Momente der Ruhe und der Sättigung, welche dem Menschen das unschätzbare Gefühl geben, sein Leben wirklich gelebt zu haben. GW 4, § 556

Obschon ich der Erste war, der die Forderung erhob, dass ein Analytiker selber analysiert sein müsse, so verdanken wir doch in der Hauptsache Freud die unschätzbare Erkenntnis, dass auch Analytiker Komplexe haben und damit einen bis mehrere blinde Flecke, welche als ebenso viele Präjudizien wirken. Diese Erkenntnis hat sich der Psychotherapeut an jenen Fällen geholt, wo er nicht mehr aus den Wolken oder vom Katheder herunter, abgesehen von seiner eigenen Persönlichkeit, den Patienten deuten oder führen konnte, sondern bemerken musste, dass seine Eigenart oder seine besondere Einstellung den Patienten an der Gesundung verhinderte. Worüber man selber keine klare Einsicht besitzt, weil man es sich selber nicht zugeben möchte, das versucht man auch beim Patienten am Bewusstwerden zu verhindern, natürlich zu dessen größtem Nachteil. Die Forderung, dass der Analytiker selber analysiert sein müsse, gipfelt in der Idee des dialektischen Verfahrens, wo der Therapeut nämlich sowohl als Fragender wie als Antwortender in Beziehung zu einem anderen psychischen System tritt, nicht mehr als Übergeordneter, Wissender, Richter und Ratgeber, sondern als Miterlebender, der ebenso sehr im dialektischen Prozess sich befindet wie der nunmehr sogenannte Patient. GW 16, §8

Der Therapeut muss sich jederzeit Rechenschaft darüber ablegen, wie er selber auf die Konfrontation mit dem Patienten reagiert. Man reagiert ja nicht nur mit dem Bewusstsein, sondern man muss sich immer auch fragen: Wie erlebt mein Unbewusstes die Situation?

Erinnerungen, S. 154

Natürlich tue ich mein Möglichstes für die Patienten; aber es ist sehr wichtig in der Psychologie, dass der Arzt nicht eine Heilung um jeden Preis anstrebt. Wir müssen außerordentlich vorsichtig sein, um dem Patienten nicht unseren eigenen Willen und unsere Überzeugungen aufzuzwingen. Wir müssen ihm ein gewisses Maß an Freiheit zugestehen. Man kann Menschen nicht ihrem Schicksal entwinden, so wie man in der Medizin einen Patienten nicht heilen kann, wenn die Natur ihn zum Sterben bestimmt hat. Manchmal steht man wirklich vor der Frage, ob es einem erlaubt sei, jemanden vor einem Schicksal zu retten, das er im Interesse seiner späteren Entwicklung auf sich nehmen muss. Man kann gewisse Leute nicht zurückhalten, furchtbar törichte Dinge zu tun, weil das einfach zu ihrem Wesen gehört. Wenn ich sie ihnen wegnehme, haben sie gar nichts davon. Wir kommen zu einer psychologischen Entwicklung nur dadurch, dass wir uns selbst so annehmen, wie wir sind, und das Leben, das uns anvertraut ist, ernsthaft zu leben versuchen. Unsere Sünden und Irrtümer und Fehler sind für uns notwendig, da wir sonst der wertvollsten Entwicklungsanreize beraubt würden. Wenn jemand, nachdem er etwas gehört hat, was seine innere Verfassung ändern könnte, weggeht, ohne darauf zu achten, dann rufe ich ihn nicht zurück. Sie können mich unchristlich nennen, aber das berührt mich nicht. Ich stehe auf der Seite der Natur. GW 18/I, § 291

Meine im Lauf von sechzig Jahren gesammelte Erfahrung und Menschenkenntnis hat mich gelehrt, jeden einzelnen Fall als ein neues Erlebnis zu betrachten, bei dem es zuallererst darauf ankommt, den individuellen Zugang zu finden. Ich scheue mich nicht, mich in ein gründliches Studium infantiler Ereignisse und Fantasien zu stürzen oder mit dem zu beginnen, was zuoberst ist, selbst wenn es sich um die nebelhaftesten und unwahrscheinlichsten metaphysischen Spekulationen handeln sollte. Alles hängt davon ab, ob ich die Sprache des Patienten erlernen kann und dem tastenden Suchen seines Unbewussten nach einem Weg zum Licht zu folgen vermag. Der eine braucht dies und der andere das Gegenteil davon. Solcher Art sind die Unterschiede zwischen den Individuen. GW 18/1, § 518

Viele Analytiker werden zum Erlöser gemacht und damit so heftig aus der Realität gestoßen, dass sie vom Kurs abkommen. Das ist die typische Krankheit des Analytikers, weil er einen Haken für Projektionen bietet, wenn er sich um die Seele von Menschen kümmert. Wie sich der Arzt der Infektion aussetzen muss, so muss sich der Analytiker den Projektionen aussetzen, aber er muss sich hüten, davon weggespült zu werden. Traumanalyse, S. 197

Das Lebendige aber lässt sich nicht mit Theorien bemeistern, und wie die Heilung der Neurose in letzter Linie keine bloß therapeutische Geschicklichkeitsfrage ist, sondern eine moralische Leistung, so auch die Lösung der durch die Übertragung aufgeworfenen Probleme. Über die letzthinnigen Erfordernisse der Individuation gibt keine Theorie Auskunft, noch stehen Rezepte zur Verfügung, die routinemäßig verwendet werden können. Bei der Behandlung der Übertragung kommt es unerbittlich an den Tag, was das heilende Agens in Wirklichkeit ist: Es ist der Grad, bis zu welchem der Arzt selber seiner eigenen psychischen Problematik gewachsen ist. Die höheren Stufen der Therapie implizieren seine Wirklichkeit und bilden den Prüfstein seiner Überlegenheit. GW 18/II, § 1172

Es ist klar, dass die Projektion dieser unpersönlichen Bilder auf den Analytiker zurückgezogen werden muss. Damit löst man aber lediglich den Projektions*akt* auf; die *Inhalte* darf und kann man eigentlich nicht auflösen. Ebenso wenig kann natürlich der Patient die unpersönlichen Inhalte in seine persönliche Psychologie integrieren. Eben weil sie unpersönlich sind, werden sie projiziert; man spürt, dass sie nicht dem eigenen subjektiven Geist angehören, sie müssen irgendwo außerhalb vorhanden sein, und da keine adäquate Form zur Verfügung steht, wird ein menschliches Objekt zu ihrem Gefäß gemacht. Man muss daher außerordentlich vorsichtig sein im Umgang mit unpersönlichen Projektionen. Es wäre zum Beispiel ein Fehler, dem Patienten zu sagen: „Sehen Sie, Sie projizieren einfach das Erlöserbild in mich. Was für ein Unsinn, einen Erlöser zu erwarten und mich verantwortlich zu machen." Eine solche Erwartung muss man ernst nehmen; sie ist keineswegs Unsinn. Die ganze Welt hegt die Erlöserhoffnung, man findet sie überall.

GW 18/I, § 369

Wie ich bereits sagte, ist die Projektion der urtümlichen Bilder auf den Arzt eine nicht zu unterschätzende Gefahr für die weitere Behandlung. Die Bilder enthalten nämlich nicht nur alles Schönste und Größte, das die Menschheit je dachte und fühlte, sondern auch jede schlimmste Schandtat und Teufelei, deren die Menschen je fähig waren. Vermöge ihrer spezifischen Energie (sie verhalten sich nämlich wie kraftgeladene, autonome Zentren) üben sie eine faszinierende, ergreifende Wirkung auf das Bewusstsein aus und können infolgedessen das Subjekt weitgehend alterieren. Man sieht dies bei religiösen Bekehrungen, bei suggestiven Beeinflussungen und ganz besonders beim Ausbruch gewisser Schizophrenieformen. Wenn nun der Patient die Persönlichkeit des Arztes von diesen Projektionen nicht unterscheiden kann, dann geht schließlich jede Verständigungsmöglichkeit verloren, und die menschliche Beziehung wird unmöglich. Wenn aber der Patient diese Charybdis vermeidet, so verfällt er in die Scylla der *Introjektionen* dieser Bilder, d.h. er rechnet ihre Eigenschaften nicht dem Arzt zu, sondern sich selber. Dies ist ebenso schlimm. Bei der Projektion schwankt er zwischen einer überschwänglichen und krankhaften Verhimmelung und einer hasserfüllten Verachtung seines Arztes. Bei der Introjektion gerät er in eine lächerliche Selbstvergötterung oder moralische Selbstzerfleischung. Der Fehler, den er beide Male macht, besteht darin, dass er die Inhalte des kollektiven Unbewussten einer bestimmten Person zurechnet. So macht er den anderen oder sich selber zum Gott oder zum Teufel. Hierin zeigt sich die charakteristische Wirkung des Archetypus: Er ergreift die Psyche mit einer Art Urgewalt und nötigt zur Überschreitung des menschlichen Bereiches. Er veranlasst Übertreibung, Aufgeblasenheit (Inflation!), Unfreiwilligkeit, Illusion und Ergriffenheit im Guten wie im Bösen. Hier liegt der Grund, warum die Menschen immer der Dämonen bedurften und nie ohne Götter leben konnten. GW 7, §110

In Wirklichkeit kann man mit einer [Übertragungs-] Situation nur zurechtkommen, wenn man sich nicht so benimmt, als ob man überlegen wäre. Man muss den Prozess begleiten, das Bewusstsein hinabsinken lassen und sich in die Situation einfühlen, um sich nicht allzu sehr vom Patienten zu unterscheiden; anderenfalls fühlt er sich gedemütigt und wird später die schlimmsten Ressentiments entwickeln. Es ist daher ganz gut, eine gewisse Gefühlsreserve zu besitzen, die man bei solchen Gelegenheiten einsetzen kann. Es verlangt natürlich einige Erfahrung und Routine, um die richtige Saite anzuschlagen. Es ist nicht immer leicht, aber man muss diese peinlichen Augenblicke überbrücken können, damit die Reaktionen des Patienten nicht allzu schlimm werden.

Ich habe bereits noch einen weiteren Grund für die Übertragung genannt, und das ist die wechselseitige Unbewusstheit und Ansteckung. [...] Ansteckung durch beiderseitige Unbewusstheit tritt im Allgemeinen dann ein, wenn der Analytiker in ähnlicher Weise wie der Patient schlecht angepasst ist; mit anderen Worten, wenn er neurotisch ist. Insoweit als der Analytiker neurotisch ist – sei nun seine Neurose gut oder schlecht –, hat er eine offene Wunde; irgendwo ist da eine offene Tür, über die er keine Kontrolle besitzt, und da kann der Patient hereinkommen, und der Analytiker wird angesteckt. Daher ist die Forderung so wichtig, dass der Analytiker so viel wie möglich über sich selbst weiß. GW 18/I, § 344 f.

Nationen, die sich im Zustand kollektiven Elends befinden, verhalten sich wie neurotische oder gar psychotische Individuen. Zuerst werden sie dissoziiert oder desintegriert, dann verfallen sie in einen Zustand der Verwirrung und Desorientierung. Da es sich nicht um die psychotische Desintegration eines individuellen Falles handelt, ergreift die Verwirrung hauptsächlich die bewussten und unterbewussten Schichten, lässt aber die grundlegende Instinktstruktur des Geistes, das kollektive Unbewusste, unberührt. Im Gegenteil, die Verwirrung in den oberen Schichten bringt eine kompensatorische Reaktion im kollektiven Unbewussten hervor, die in einem eigentümlichen Persönlichkeitssurrogat besteht, einer archaischen Persönlichkeit, die mit überlegenen instinktiven Kräften ausgestattet ist. Diese neue Konstellation ist zunächst vollkommen unbewusst, wird aber bei Aktivierung in Gestalt einer Projektion wahrnehmbar. Gewöhnlich ist es der Arzt, der den Patienten behandelt, welcher unwissentlich die Rolle der projizierten Figur übernimmt. Der Mechanismus dieser Projektion ist die Übertragung. In der Übertragung erscheint der Arzt beispielsweise unter der Maske des Vaters als jener Persönlichkeit, die überlegene Macht und Intelligenz symbolisiert, eine Sicherheitsgarantie und ein Schutz gegen übermächtige Gefahren. Solange die Desintegration nicht die tieferen Schichten erreicht hat, wird die Übertragung nicht mehr als die Projektion des Vaterbildes hervorbringen. Wenn aber die Verwirrung einmal diese unbekannten Tiefen aufgewühlt hat, wird die Projektion kollektiver und nimmt mythologische Formen an. In diesem Falle erscheint der Arzt als eine Art Zauberer oder Erlöser. Bei Menschen, die religiös aktiv sind, würde dann der Arzt durch ein aktiveres Christusbild oder die Vorstellung einer unsichtbaren göttlichen Gegenwart abgelöst werden.

Die mystische Literatur quillt über von Beschreibungen solcher Erfahrungen. GW 18/II, § 1330 f.

[Beim] zweiten Stadium der Übertragungsbehandlung [...] [handelt es sich um] die *Unterscheidung von persönlichen und unpersönlichen Inhalten.* Die persönlichen Projektionen müssen, wie wir gesehen haben, aufgelöst werden; das kann auf dem Weg der Bewusstmachung geschehen. Die unpersönlichen Projektionen aber können nicht zerstört werden, weil sie zu den Strukturelementen der Psyche gehören. Sie sind nicht Relikte einer Vergangenheit, die überwachsen werden muss; sie sind im Gegenteil zielgerichtete und kompensatorische Funktionen von höchster Bedeutsamkeit. Sie sind ein wesentlicher Schutz gegen Situationen, in denen man den Kopf verlieren könnte. Bei jedem Vorliegen einer Paniksituation – äußerer oder innerer Art – greifen die Archetypen ein und verhelfen dem Menschen dazu, in instinktiv angepasster Weise zu reagieren, so wie wenn er die Situation schon immer gekannt hätte: Er reagiert so, wie die Menschheit schon immer reagiert hat. Daher ist dieser Mechanismus lebenswichtig. GW 18/I, § 368

Als Arzt muss ich mich immer fragen, was mir der Patient für eine Botschaft bringt. Was bedeutet er für mich? Wenn er nichts für mich bedeutet, habe ich keinen Angriffspunkt. Nur wo der Arzt selber getroffen ist, wirkt er. „Nur der Verwundete heilt." Wo aber der Arzt einen Persona-Panzer hat, wirkt er nicht. Ich nehme meine Patienten ernst. Vielleicht bin ich genauso vor ein Problem gestellt wie sie. Oft passiert ja, dass der Patient gerade das richtige Pflaster für die schwache Stelle des Arztes ist. Daraus können schwierige Situationen entstehen, auch für den Arzt, oder gerade für ihn. Erinnerungen, S. 154 f.

Ist der therapeutische Erfolg genügend, so kann man es wohl dabei bewenden lassen. Genügt er aber nicht, so hat sich die Therapie wohl oder übel nach den irrationalen Gegebenheiten des Kranken zu richten. Hier müssen wir der Natur als Führerin folgen, und was der Arzt dann tut, ist weniger Behandlung als vielmehr Entwicklung der im Patienten liegenden schöpferischen Keime. Was ich zu sagen habe, beginnt da, wo die Entwicklung anfängt und die Behandlung aufhört.

GW 16, § 82 f.

Dieses eigenartige Material setzt den rationalen Behandlungsmethoden einen besonderen Widerstand entgegen, wohl deshalb, weil es meistens sozial wohlangepasste, öfters hervorragend leistungsfähige Individuen sind, denen Normalisierung nichts sagt. Und was die sogenannten Normalen anbetrifft, so bin ich erst recht nicht in der Lage, diesen eine fertige Lebensanschauung zu servieren. Bei den meisten meiner Fälle sind die Ressourcen des Bewusstseins erschöpft – der geläufige englische Ausdruck dafür ist: „I am struck“ – „ich bin stecken geblieben“. Diese Tatsache ist es, die mich hauptsächlich zwingt, nach unbekannten Möglichkeiten zu suchen. Denn ich weiß dem Patienten auf seine Frage: „Was raten Sie mir? Was soll ich tun?“ nichts zu antworten. Ich weiß es auch nicht. Ich weiß nur eins, dass, wenn mein Bewusstsein keinen gangbaren Weg vor sich sieht und darum stecken bleibt, meine unbewusste Seele auf den unerträglichen Stillstand reagieren wird.

GW 16, § 84

Von der seelsorgerlichen Tätigkeit des Arztes

Unter allen meinen Patienten jenseits der Lebensmitte, das heißt jenseits fünfunddreißig, ist nicht ein Einziger, dessen endgültiges Problem nicht das der religiösen Einstellung wäre. Ja, jeder krankt in letzter Linie daran, dass er das verloren hat, was lebendige Religionen ihren Gläubigen zu allen Zeiten gegeben haben, und keiner ist wirklich geheilt, der seine religiöse Einstellung nicht wieder erreicht, was mit Konfession oder Zugehörigkeit zu einer Kirche natürlich nichts zu tun hat. GW 11, § 509

Ebenso teile ich Ihre Überzeugung, dass eine echte Religiosität das beste Heilmittel ist für alle seelischen Leiden. Briefe I, S. 157

Im Deutschen hängt *heilig* mit *heil* oder „ganz sein" zusammen; *geheilt* bedeutet kuriert. Heilen heißt ganz machen, und der Zustand, in den man dadurch gelangt, ist ein ganzheitlicher oder vollständiger, während es zuvor nur zusammengehaltene Bruchstücke waren. [...]

Hier kommt die Idee der Medizin ins Spiel. Der Erlöser ist immer der Medizinmann, der das *pharmakon athanasias* verabreicht, die Medizin der Unsterblichkeit, die den neuen Menschen erschafft.

Traumanalyse, S. 158

Um die leidende Seele hat sich der Geist der Menschheit seit Jahrtausenden gemüht, vielleicht früher noch als um den leidenden Körper. Das „Heil" der Seele, die „Versöhnung der Götter", die „perils of the soul" sind kein Problem von gestern. Die *Religionen* [...] sind Bekenntnis und Erkenntnis der Seele und zugleich Offenbarung und Erscheinung des Wesens der Seele. Von dieser universalen Grundlage ist keine menschliche Seele abgetrennt. [...] Der Verlust des großen Zusammenhangs ist das neurotische Grundübel. GW 10, § 367

Die meisten [Patienten] haben schon irgendeine Form psychotherapeutischer Behandlung hinter sich, und zwar mit partiellem oder negativem Erfolg. Etwa ein Drittel meiner Fälle leidet überhaupt an keiner klinisch bestimmbaren Neurose, sondern an der Sinn- und Gegenstandslosigkeit ihres Lebens. Ich habe nichts dagegen, wenn man dies als allgemeine Neurose unserer Zeit bezeichnen sollte. Reichlich zwei Drittel meiner Patienten stehen in der zweiten Lebenshälfte. GW 16, § 83

Als ich ursprünglich diesen Weg [des Seelenarztes] beschritt, wusste ich nicht, wohin er führte. Ich wusste nicht, was die Tiefe der Seele barg. Sie haben vielleicht von meiner Theorie des kollektiven Unbewussten und seiner Archetypen gehört. Schon in grauen Vorzeiten und seitdem immer wieder haben sich Durchbrüche des Unbewussten ereignet; denn das Bewusstsein war nicht immer, wie es ja auch beim Kinde stets wieder aufs Neue in den ersten Lebensjahren entsteht. Am Anfang ist das Bewusstsein schwach und wird leicht vom Unbewussten überwältigt, und so geschah es auch in der seelischen Geschichte der Menschheit. Diese Kämpfe haben ihre Spuren hinterlassen. Naturwissenschaftlich ausgedrückt: Es haben sich instinktive Abwehrmechanismen herausgebildet, die, wenn die Not aufs Höchste steigt, automatisch intervenieren; es sind dies hilfreiche Vorstellungen, die, unausrottbar, der menschlichen Seele eingeboren sind und von sich aus handelnd eingreifen, wenn die Not es erfordert. Die Naturwissenschaft kann nur das Vorhandensein dieser seelischen Faktoren konstatieren und versuchen, sie rationalistisch zu erklären, wobei aber die Lösung des Rätsels einfach in einen hypothetischen Anfangszustand zurückverschoben wird, ohne gelöst zu sein. Wir stoßen hier an letzte Fragen: Woher kommt das Bewusstsein? Was ist überhaupt Seele? Und hier ist die ganze Wissenschaft am Ende.

Es ist, wie wenn auf dem Höhepunkt der Krankheit das Zerstörende sich in das Heilende umkehrte. Dies geschieht dadurch, dass die sogenannten Archetypen zu selbstständigem Leben erwachen und die Führung der seelischen Persönlichkeit übernehmen anstelle des untauglichen Ichs und seines ohnmächtigen Wollens und Strebens. Der religiöse Mensch würde sagen: Gott hat die Führung übernommen. Ich muss bei den meisten meiner Patienten diese an sich durchaus passende Formulierung vermeiden, denn sie klingt zu sehr an das an, was sie ursprünglich verwerfen mussten. Ich muss mich bescheidener ausdrücken und sagen: *Die Eigentätigkeit der Seele erwacht.* Zugleich passt diese Formulierung besser auf die beobachtbaren Tatsachen. Die große Umkehrung erfolgt nämlich in dem Moment, wo in Träumen oder Fantasien Inhalte oder Motive auftreten, deren Ursprung im Bewusstsein nicht nachzuweisen ist. Die Tatsache, dass aus dem dunklen Reich der Seele dem Kranken etwas Fremdes, das nicht Ich ist und deshalb jenseits aller ichhaften Willkür steht, gegenübertritt, wirkt wie eine große Erleuchtung. Man hat den Zugang zu den Quellen des seelischen Lebens wiedergefunden, und damit ist der Anfang der Heilung gemacht. GW 11, § 533 f.

Die Eröffnung des Unbewussten bedeutet den Ausbruch eines großen seelischen Leidens, denn es ist gerade so, wie wenn eine blühende Zivilisation dem Einbruch von Barbarenhorden preisgegeben oder wie wenn fruchtbares Ackerland durch Zerstörung der Schutzdämme dem Wüten eines Wildbaches ausgeliefert würde. Ein solcher Durchbruch war auch der Weltkrieg, der wie nichts anderes beweist, wie dünn die Scheidewand ist, die eine geordnete Welt vom ewig lauernden Chaos trennt. Aber so ist es in jedem Einzelnen: Hinter seiner vernünftig geordneten Welt wartet rachsüchtig eine durch Vernunft vergewaltigte Natur auf den Augenblick, wo die trennende Wand fällt, um sich verheerend ins bewusste Dasein zu ergießen. Seit urältesten und primitivsten Zeiten ist sich der Mensch dieser Gefahr bewusst, der Gefahr der Seele, und er hatte darum religiöse und magische Bräuche, um sich vor der Bedrohung zu schützen oder um entstandenen seelischen Schaden zu heilen. Darum ist der Medizinmann auch immer zugleich der Priester, der Heiland des Körpers sowohl als auch der Seele, und die Religionen sind Heilsysteme für die Leiden der Seele. […] Dem leidenden Menschen hilft nie, was er selbst ersinnt, sondern nur übermenschliche, geoffenbarte Wahrheit, die ihn dem leidenden Zustand enthebt.

GW 11, § 531

Ein unverstandenes Leiden ist bekanntlich schwer zu ertragen, und auf der anderen Seite ist es oft erstaunlich zu sehen, was ein Mensch alles aushalten kann, wenn er das Warum und Wofür versteht. Die Mittel hierzu geben ihm übergeordnete weltanschauliche Voraussetzungen religiöser oder philosophischer Natur, die sich damit zum Mindesten als *Heilmethoden* psychischer Art ausweisen, und zwar in des Wortes eigentlicher Bedeutung. Selbst Christus und seine Jünger haben es nicht verschmäht, Kranke zu heilen und damit die Heilkraft ihrer Mission zu beweisen. Der Arzt ist nicht in der risikolosen Lage des Theologen, der mit der Bezeichnung „pathologisch“ den Fall in die

Hände des Arztes legen kann. Dieser muss sich mit dem konkreten Leiden auf Gedeih und Verderb auseinandersetzen und weiß nichts mehr hinter sich als das Mysterium der Weltregierung. Es ist daher kein Wunder, dass er religiöse und philosophische Ideen und Haltungen, sofern diese sich als hilfreich erweisen, als „Heil"systeme preist und dass er gegebenenfalls gerade Buddha, dessen Lehre die Erlösung vom Leiden durch höchste Bewusstseinsentwicklung zum Kernproblem hat, als einen der wichtigsten Helfer auf dem Wege zur Heilung anerkennt. GW 18/II, § 1578

Das Problem der Heilung ist ein religiöses Problem. Auf der Ebene der sozialen oder der Völkerbeziehung ist der leidende Zustand zum Beispiel Bürgerkrieg. Durch die christliche Tugend der Feindesliebe und der Vergebung heilen wir diesen leidenden Zustand. Was wir aus christlicher Überzeugung außen empfehlen, das müssen wir in der Neurosentherapie auch innerlich anwenden. Darum wollen moderne Menschen nichts mehr von Schuld und Sünde hören. Sie haben an ihrem eigenen bösen Gewissen genug und wollen vielmehr wissen, wie man sich mit seinen eigenen Tatsachen *aussöhnen*, wie man den Feind im eigenen Herzen lieben und zum Wolf „Bruder" sagen kann.

Auch will der Moderne nicht wissen, wie er Christus nachahmen könnte, sondern wie er zunächst seinen individuellen Lebenstypus, so ärmlich und so uninteressant er auch sei, leben kann. Alles Nachahmen erscheint ihm deshalb lebenswidrig, lebensfeindlich, darum sträubt er sich gegen die Historie, die ihn an gebahnte Wege verhaften will. Diese Wege sind ihm alle Abwege.

GW 11, § 523 f.

Wenn ihm [dem Patienten] aber gezeigt wird, dass sein besonderes Leiden nicht nur *sein* Leiden ist, sondern ein allgemeines – sogar das Leiden eines Gottes –, dann befindet er sich in der Gemeinschaft von Menschen und Göttern, und dieses Wissen erzeugt eine heilende Wirkung. Die moderne geistliche Therapie geht in der gleichen Weise vor: Schmerz oder Krankheit wird mit dem Leiden Christi verglichen, und diese Vorstellung wirkt tröstlich. Das Individuum wird aus seiner elenden Einsamkeit herausgehoben und erweist sich als ein Mensch mit einem heldenhaften, sinnvollen Schicksal, das, wie das Leiden und Sterben eines Gottes, letzten Endes der ganzen Welt zugutekommt. Wenn einem alten Ägypter gezeigt wurde, dass er das Schicksal von Re, dem Sonnengott, erlitt, stieg er unmittelbar zum Rang des Pharao, des Sohnes und Stellvertreters der Götter, auf, und so wurde der gewöhnliche Mensch selbst zum Gott. Dieser Vorgang setzte eine derartige Energiefülle frei, dass wir sehr gut verstehen können, wie der Patient dadurch aus seinen Schmerzen herausgehoben wurde.

GW 18/I, § 231

Wie der primitive Mensch mithilfe der religiösen und philosophischen Symbole es vermochte, sich dem Urzustande zu entreißen, so vermag sich auch der Neurotiker auf diesem Wege seiner Krankheit zu entreißen. Es ist wohl überflüssig zu bemerken, dass ich damit nicht meine, es müsse der Glaube an ein religiöses oder philosophisches Dogma eingeimpft werden, sondern es muss beim Kranken jene selbe psychologische Einstellung wieder aufgebaut werden, welche auf früheren Kulturstufen durch das Vorhandensein eines lebendigen Glaubens an ein religiöses oder philosophisches Dogma charakterisiert war. Die religiös-philosophische Einstellung ist nicht gleichbedeutend mit Glauben an ein Dogma. Das Dogma ist eine vorübergehende intellektuelle Formulierung und nur durch Zeit und Umstände bedingtes Ergebnis der religiös-philosophischen Einstellung. Die Einstellung selber ist eine Kulturerrungenschaft und eine biologisch überaus wertvolle Funktion, welche diejenigen Motive schafft, welche den Menschen treiben, über sich selber hinaus zu schaffen und, wenn nötig, sich den Zielen der Gattung zu opfern. GW 4, § 555

Sie schreiben: „Ich hoffe, es entmutige Sie nicht, dass möglicherweise die Religion im Individuationsprozess des Menschen eine Rolle spielt.“ Ich weiß nicht, woher Sie den Eindruck erhielten, dass ich deswegen entmutigt sein könnte. Ich war der Erste, der die eminente Bedeutung der Religion, vor allem im Individuationsprozess, hervorhob, und der Erste, der die Frage nach der praktischen Seite einer Beziehung zwischen Psychotherapie und Religion stellte. Briefe III, S. 312

Ein Archetypus gehört der Struktur des kollektiven Unbewussten an, aber da wir das kollektive Unbewusste in uns tragen, gehört er auch zu unserer persönlichen Struktur. Er ist Teil der Grundstruktur unserer Instinktnatur. Alles, was wieder in dieses Instinktmuster zurückgeführt werden kann, ist als geheilt anzusehen. Diese Struktur des Menschen entspricht einem optimal angepassten Tier – einem bemerkenswerten Geschöpf, das auf vollkommene Weise zu leben vermag. Die meisten unserer psychogenen Leiden sind darauf zurückzuführen, dass wir von der instinktiven Struktur des Menschen abgekommen sind. Wir hängen plötzlich in der Luft, unser Baum erhält keine nährende Substanz aus der Erde mehr.

Traumanalyse, S. 159

Es ist von großer therapeutischer Bedeutung, einen allgemeinen Gesichtspunkt anwenden zu können. Die moderne Therapie ist sich dessen nicht mehr bewusst, aber in der antiken Medizin war es bekannt, dass die Möglichkeit, die persönliche Krankheit auf ein höheres und unpersönlicheres Niveau zu erheben, von heilender Wirkung war. Im alten Ägypten zum Beispiel wurde, wenn jemand von einer Schlange gebissen worden war, der Priesterarzt gerufen, der aus der Tempelbibliothek das Manuskript über den Mythus von Re und seiner Mutter Isis holte und vorlas. Isis hatte einen giftigen Wurm geschaffen und im Sand verborgen, der Gott Re trat auf die Schlange und wurde von ihr gebissen; er litt furchtbare Schmerzen und war dem Tod nahe, daher veranlassten die Götter Isis, einen Zauber zu bereiten, der das Gift aus ihm herauszog. Es ging dabei um die Vorstellung, dass der Patient durch die Erzählung so beeindruckt wäre, dass er geheilt würde. Für uns tönt das ganz unmöglich. Wir können uns nicht vorstellen, dass das Vorlesen einer Geschichte aus Grimms Märchen zum Beispiel einen Typhus oder eine Lungenentzündung heilen würde. Aber wir rechnen eben nur mit unserer modernen rationalen Psychologie. Um die Wirkung zu verstehen, müssen wir die Psychologie der alten Ägypter berücksichtigen, die völlig anders war. Sogar bei uns können gewisse Dinge Wunder wirken; zuweilen können geistliche Tröstung oder psychologischer Einfluss eine Krankheit heilen oder wenigstens mithelfen, sie zu heilen. [...]

Im Osten ist ein großer Teil der praktischen Therapie auf diesem Prinzip der Erhebung des bloß persönlichen Leidens auf die Ebene einer allgemeingültigen Situation aufgebaut. Die Medizin der alten Griechen arbeitete ebenfalls mit dieser Methode. Natürlich muss das kollektive Bild oder seine Anwendung mit der besonderen psychologischen Situation des Patienten übereinstimmen. Der Mythus oder die Legende entsteht aus archetypischem Material, das in der Krankheit konstelliert wird, und die psychologische Wirkung besteht darin, den Patienten an den allgemein-menschlichen Sinn seiner besonderen Situation anzuschließen. Der Schlangenbiss zum Beispiel ist eine archetypische Situation, weshalb er auch als Motiv in vielen Erzählungen vorkommt. Wenn die der Krankheit zugrunde liegende archetypische Situation in der richtigen Art und Weise zum Ausdruck gebracht werden kann, so ist der Patient geheilt. Wird kein entsprechender Ausdruck gefunden, dann wird der Patient auf sich selbst, in den isolierten Zustand des Krankseins zurückgeworfen, er ist allein und hat keine Verbindung mit der Welt. GW 18/I, § 230 f.

Alle infantilen Komplexe gehen in letzter Linie auf autonome Inhalte des Unbewussten zurück. Der primitive Geist hat diese als fremd und unverständlich empfundenen Inhalte als Geister, Dämonen und Götter personifiziert und versucht, mit sakralen und magischen Riten deren Ansprüche zu erfüllen. In der richtigen Anerkennung der Tatsache, dass dieser Hunger oder Durst weder durch Speise noch durch Trank noch durch Rückkehr in der Mutter Schoß gestillt werden kann, hat der primitive Geist Bilder von unsichtbaren, eifersüchtigen und anspruchsvollen Wesen erschaffen, einflussreicher, starker und gefährlicher als der Mensch, Angehörige einer unsichtbaren Welt, doch mit der sichtbaren verschmolzen, so eins mit ihr, dass Geister selber in den Kochtöpfen wohnen. [...] Unsere Welt dagegen ist von Dämonen befreit – bis auf bedeutsame Reste. Die autonomen Inhalte und ihre Ansprüche aber sind geblieben. In den Religionen könnten sie sich zum Teil ausdrücken, aber je mehr die Religionen rationalisiert und verwässert werden – ein fast unvermeidliches Schicksal –, desto verworrener und geheimnisvoller werden die Wege, auf denen uns die Inhalte des Unbewussten dennoch erreichen. Einer der gewöhnlichsten Wege ist die Neurose, was man zunächst wohl am wenigsten vermuten würde. Unter Neurose stellt man sich gewöhnlich irgendeine Minderwertigkeit, eine medizinische quantité négligeable vor. Sehr zu Unrecht, wie wir gesehen haben! Denn hinter der Neurose verbergen sich jene gewaltigen psychischen Einflüsse, welche unserer geistigen Einstellung und ihren einflussreichsten, führenden Ideen zugrunde liegen. Der rationalistische Materialismus, diese anscheinend ganz unverdächtige geistige Haltung, ist eine psychologische Gegenbewegung gegen den Mystizismus. Dieser ist der geheime Antagonist, der bekämpft werden soll. Materialismus und Mystizismus sind nichts als ein psychologisches Gegensatzpaar, genau wie Atheismus und Theismus. Es sind feindliche Brüder, zwei verschiedene Methoden, mit den dominierenden unbewussten Einflüssen irgendwie fertigzuwerden, der eine durch Ableugnung, der andere durch Anerkennung. **GW 8, § 712**

Psychopathologie und ärztliche Psychotherapie sind, oberflächlich betrachtet, vom besonderen Interessengebiet des Theologen sehr weit entfernt, und es ist darum zu erwarten, dass es nicht geringe Mühe kosten wird, zunächst einmal eine beiden Seiten verständliche Begriffssprache herzustellen. Um dies zu bewerkstelligen, braucht es von beiden Seiten gewisse grundlegende Einsichten. Dazu gehört vor allem die Würdigung der Tatsache, dass das Objekt der beiderseitigen Bemühung der seelisch kranke und leidende Mensch ist, welcher sowohl der somatischen bzw. biologischen wie der geistigen bzw. religiösen Berücksichtigung bedarf. Das Problem der Neurose reicht von der gestörten Triebsphäre bis zu letzten weltanschaulichen Fragen und Entscheidungen. Die Neurose ist kein abgekapseltes und genau umschriebenes Phänomen, sondern eine Reaktion des *ganzen* Menschen. Eine rein symptomatische Therapie verbietet sich hier offenkundigerweise noch mehr als bei bloß somatischen Krankheiten, obschon auch diese immer eine psychische Komponente oder Begleiterscheinung besitzen, wenn sie schon nicht psychogen sind. Die neuere Medizin hat soeben begonnen, diese von den Psychotherapeuten schon längst hervorgehobene Tatsache in Berücksichtigung zu ziehen. Ebenso habe ich schon vor Langem immer wieder die Erfahrung gemacht, dass eine bloß biologisch orientierte Therapie nicht hinreicht, sondern einer geistigen Ergänzung bedarf. GW 11, § 450

Das Problem des seelisch Leidenden ginge eigentlich den Seelsorger in viel höherem Maße an als den Arzt. Aber der Kranke sucht wohl in den meisten Fällen zunächst den Arzt auf, weil er meint, er sei körperlich krank, und weil gewisse neurotische Symptome durch Medikamente wenigstens gelindert werden können. Auf der anderen Seite fehlen dem Seelsorger in der Regel die Kenntnisse, die ihn befähigen würden, den seelischen Hintergrund der Krankheit zu durchschauen; auch besitzt er nicht die Autorität, den Kranken davon zu überzeugen, dass sein Leiden seelisch ist.

GW 11, § 505

Hier breitet sich für den Seelsorger ein ungeheures Gebiet aus. Aber es scheint fast, als ob es noch niemand bemerkt hätte. Es hat auch nicht den Anschein, als ob der protestantische Seelsorger von heute genügend ausgerüstet wäre, um dem gewaltigen seelischen Anspruch unserer Zeit zu genügen. Es wäre höchste Zeit, dass der Seelsorger und der Seelenarzt sich die Hand reichten zur Bewältigung dieser geistigen Riesenaufgabe.

GW 11, § 510

Man kann die Menschen nicht in zwei Stücke reißen und das eine den Medizinern und das andere den Theologen zuteilen. Es gilt heute für die Theologen dasselbe, was auch an die Mediziner herangetreten ist: Wie der Mediziner unendlich umzulernen hatte, um das seelische Problem des Neurotikers zu begreifen, so wird auch die Theologie ihre Opfer bringen müssen, um mit diesem schwierigsten aller Probleme mit einiger Aussicht auf Erfolg ringen zu können.

Briefe I, S. 132

Die Seele hat Schaden gelitten, und darum zwingen die Kranken den Seelenarzt in eine priesterliche Rolle, indem sie von ihm erwarten und verlangen, von ihrem Leiden erlöst zu werden. Darum müssen wir Seelenärzte uns mit Problemen beschäftigen, die streng genommen eigentlich der theologischen Fakultät zufielen. Wir können aber diese Problematik nicht der Theologie überlassen, da wir Tag für Tag herausgefordert werden durch die ganz unmittelbar an uns herantretende seelische Not der Kranken. Da nun in der Regel alle hergebrachten Begriffe und Anschauungen versagen, müssen wir zunächst den Weg der Krankheit gehen, den Irrweg, der die Konflikte noch verschärft und die Vereinsamung zur Unerträglichkeit steigert, in der Hoffnung, dass aus der Tiefe der Seele, aus der alle Zerstörung kommt, auch das Rettende wachse. GW 11, § 532

Ich bin essenziell Arzt, der es mit der Krankheit des Menschen und seiner Zeit zu tun hat und auf Heilmittel bedacht ist, die der Wirklichkeit des Leidens entsprechen. Es steht [...] jedem Theologen frei, in Umgehung meiner odiosen Psychologie meine Patienten mit dem „Wort" zu heilen. Ich heiße diesen Versuch mit offenen Armen willkommen. Da jedoch die geistliche cura animarum [Sorge für die Seelen] nicht immer den gewünschten Erfolg zeitigt, haben vorderhand die Ärzte zu tun, die eben nichts Besseres zur Hand haben als jene bescheidene „Gnosis" [Kenntnis], welche die Empirie ihnen bietet. Oder weiß da einer meiner Kritiker besseren Rat? GW 18/II, § 1511

Religionen sind psychotherapeutische Systeme in des Wortes eigentlichster Bedeutung und im allergrößten Ausmaß. Sie drücken den Umfang des seelischen Problems in mächtigen Bildern aus. GW 10, § 367

Sie haben ganz recht, wenn Sie meinen, dass die Religion eigentlich berufen wäre, seelisches Leiden zu heilen. Ich bin immer für diese Idee, auch im ärztlichen Gebiet, eingetreten. Briefe I, S. 176

Was sind Religionen? Religionen sind psychotherapeutische Systeme. Was tun denn wir, wir Psychotherapeuten? Wir versuchen, das Leiden des menschlichen Geistes, der menschlichen Psyche oder der menschlichen Seele zu heilen, und die Religionen befassen sich mit dem gleichen Problem. Deshalb ist Gott selbst ein Heiler; er ist Arzt, er heilt die Kranken, und er befasst sich mit den Störungen der Seele; und das ist genau, was wir Psychotherapie nennen. Es ist kein Spiel mit Worten, wenn ich die Religion ein psychotherapeutisches System nenne. Sie ist sogar das ausgefeilteste dieser Systeme, und es liegt eine große praktische Wahrheit dahinter. GW 18/I, § 370

Wie aktuell dieses Problem ist, möchte ich anhand eines Beispiels zeigen: Vor etwas mehr als Jahresfrist [ca. 1932] wurde mir vonseiten der Leitung der Aarauer Christlichen Studenten-Konferenz die Frage vorgelegt, ob und warum die Leute heutzutage in seelischen Nöten eher den Arzt als den Pfarrer aufsuchten. Diese Frage ist sehr direkt und sehr praktisch. Ich hatte bis dahin nur gesehen, dass *meine* Patienten sicher den Arzt aufgesucht haben und nicht den Pfarrer. Ob das nun aber allgemein so sei, schien mir doch sehr fraglich, auf alle Fälle wusste ich darüber nichts Bestimmtes. Ich habe deshalb in Kreisen, die mir persönlich fernstehen, mithilfe von Drittpersonen eine Umfrage in diesem Sinne veranstaltet, eine Umfrage, die von schweizerischen, deutschen und französischen Protestanten beantwortet wurde. Daneben lief auch eine Anzahl katholischer Antworten ein. Das Ergebnis ist nun sehr interessant. Ich will es Ihnen in allgemeinen Zügen schildern: Für den Arzt entschieden sich 57% aller Protestanten und bloß 25% aller Katholiken. Für den Pfarrer bloß 8% Protestanten, dagegen 58% der Katholiken. Das waren die unzweideutigen Entscheide. Der Rest von 35% der Protestanten konnte die Frage nicht entscheiden. Der katholische Rest von Unentschiedenen aber betrug nur 17%. **GW 11, § 511**

Wenn ich daher praktizierende Katholiken behandle, so trete ich beim Übertragungsproblem kraft meines Amtes als Arzt zurück und leite das Problem über in die Kirche. Behandle ich aber einen Nichtkatholiken, so ist mir dieser Ausweg versperrt, und ich kann kraft meines Amtes als Arzt nicht zurücktreten, denn es ist in der

Regel dann niemand und nichts da, worauf ich die Vaterimago passenderweise überleiten könnte. Ich kann zwar die vernünftige Einsicht herstellen, dass ich nicht der Vater bin. Aber dann bin ich eben der vernünftige Vater und trotz alledem der Vater. Auch der Patient, nicht nur die Natur, hat einen horror vacui. Ihm graut es instinktiv davor, die Elternimagines und seine Kindheitsseele ins Nichts einer hoffnungs- und zukunftslosen Vergangenheit fallen zu lassen. Sein Instinkt sagt ihm, dass, um seiner eigenen Ganzheit willen, diese Dinge in irgendeiner Form am Leben bleiben sollten.

GW 16, § 218

Der Großteil meiner Patienten bestand nicht aus gläubigen Menschen, sondern aus solchen, die ihren Glauben verloren hatten. Zu mir kamen die „verlorenen Schafe". Der gläubige Mensch hat auch heute Gelegenheit, in der Kirche die Symbole zu leben. Man denke an das Erlebnis der Messe, der Taufe, an die Imitatio Christi und vieles andere. Aber ein solches Leben und Erleben des Symbols setzt die lebendige Anteilnahme des Gläubigen voraus, und die fehlt dem heutigen Menschen sehr oft. Beim neurotischen Menschen fehlt sie meistens. In solchen Fällen sind wir darauf angewiesen zu beobachten, ob nicht das Unbewusste spontan Symbole heraufbringt, welche das Fehlende ersetzen. Dann bleibt aber immer noch die Frage offen, ob ein Mensch, der entsprechende Träume oder Visionen hat, imstande sei, ihren Sinn zu verstehen und die Konsequenzen auf sich zu nehmen.

Erinnerungen, S. 161

Literaturverzeichnis

Jung, C. G.: Gesammelte Werke (GW). 20 Bde. Hg. von Lilly Jung-Merker/Elisabeth Rüf/Leonie Zander et al. Sonderausgabe. Edition C. G. Jung im Patmos Verlag, Ostfildern 2011ff.

Daraus besonders:

Analytische Psychologie und Erziehung (1926). In: GW 17, §§127–229.

Analytische Psychologie und Weltanschauung (1931). In: GW 8, §§689–741.

Die Beziehungen zwischen dem Ich und dem Unbewußten (1928). In: GW 7, §§374–406.

Geleitwort zu Erich Neumann, Depth Psychology and a New Ethic (1949). In: GW 18/II, §§1408–1420.

Das Grundproblem der gegenwärtigen Psychologie (1931). In: GW 8, §§649–688.

Grundsätzliches zur praktischen Psychotherapie (1935). In: GW 16, §§1–27.

Psychologie und Religion (1940). In: GW 11, §§1–168.

Die psychologischen Grundlagen des Geisterglaubens (1920). In: GW 8, §§570–600.

Die Psychotherapie in der Gegenwart (1945). In: GW 16, §§212–229.

Symbole und Traumdeutung (1961). In: GW 18/I, §§416–607.

Der therapeutische Wert des Abreagierens (1921). In: GW 16, §§255–293.

Die transzendente Funktion (1916). In: GW 8, §§131–193.

Über die Beziehung der Psychotherapie zur Seelsorge (1932). In: GW 11, §§488–538.

Über Grundlagen der Analytischen Psychologie. Tavistock Lectures (1935). In: GW 18/I, §§1–415.

Über die Psychologie des Unbewußten (1943) In: GW 7, §§1–201.

Vom Werden der Persönlichkeit (1934). In: GW 17, §§284–323.

Ziele der Psychotherapie (1929). In: GW 16, §§66–113.

Zur gegenwärtigen Lage der Psychotherapie (1934). In: GW 10, §§333–370.

Jung, C.G.: Briefe. 3 Bände. Hg. von Aniela Jaffé in Zusammenarbeit mit Gerhard Adler. Sonderausgabe. Edition C.G. Jung im Patmos Verlag, Ostfildern 2012.

Jung, C.G.: Erinnerungen, Träume, Gedanken. Aufgezeichnet und herausgegeben von Aniela Jaffé. Korrigierte Sonderausgabe. 22. Aufl. Edition C.G. Jung im Patmos Verlag, Ostfildern 2022.

Jung, C.G.: Kinderträume. Hg. von Lorenz Jung und Maria Meyer-Grass. Walter, Olten / Freiburg im Breisgau 1987.

Jung, C.G.: Traumanalyse. Nach Aufzeichnungen des Seminars 1928–1930. Hg. von William McGuire. Aus dem Engl. übers. von Brigitte Stein. Walter, Olten 1991.